NZZ **Libro**

Helmut Stalder

Verkannte Visionäre

24 Schweizer Lebensgeschichten

Verlag Neue Zürcher Zeitung

Bibliografische Information der Deutschen Nationalbibliothek
Die Deutsche Nationalbibliothek verzeichnet diese Publikation in der Deutschen Nationalbibliografie; detaillierte bibliografische Daten sind im Internet über http://dnb.d-nb.de abrufbar.

Umschlagabbildung von links nach rechts: Jost Bürgi, Alfred Ilg, Madame Tussaud, Louis Chevrolet.

Umschlag: GYSIN [Konzept+Gestaltung] Chur
Gestaltung, Satz: GYSIN [Konzept+Gestaltung] Chur
Druck, Einband: Druckerei Uhl, Radolfzell

ISBN 978-3-03823-715-0

www.nzz-libro.ch
NZZ Libro ist ein Imprint der Neuen Zürcher Zeitung

Für Leonardo

und Alessandro, Ricardo und Sandra

Inhalt

Anhang

Vorwort

Jede Kulturnation hat ihre grossen Geister, ihre National- und Säulenheiligen, ihre kaum mehr hinterfragten Instanzen des geistigen und tätigen Lebens. Sie sind wichtig für das Selbstverständnis jedes Landes, denn sie sind Teil der nationalen Identität und dienen als Orientierungspunkte. Auch die Schweiz hat eine ansehnliche Schar von Geistesgrössen hervorgebracht, die sich auf der Karte der Weltgeschichte eingetragen haben. Paracelsus, Leonhard Euler und Jean-Jacques Rousseau, Johann Caspar Lavater, Johann Heinrich Pestalozzi und Johanna Spyri, Henri Dunant, Albert Einstein und Auguste Piccard gehören längst zum Kanon der grossen Schweizerinnen und Schweizer mit weltweiter Ausstrahlung. An sie erinnert sich das Land periodisch, huldigt ihnen, misst sich an ihnen, grenzt sich bisweilen auch von ihnen ab.

Aber da sind noch jene anderen, die nicht schon in der Ahnengalerie der Landesgrössen hängen, noch nicht von Denkmälern herunterblicken, noch nicht die Schulbücher bevölkern. Es sind Menschen, die Bahnbrechendes geleistet haben, jedoch im Strom der Zeit untergegangen sind. Oft prägen ihre Ideen und Taten bis heute die Welt. Aber als Urheberinnen und Urheber sind sie selbst nicht mit auf dem Bild. Dieses Buch präsentiert diese anderen Schweizer Karrieren. Es sind 24 verrückte Lebensgeschichten von verkannten Visionären, gescheiterten Genies und siegreichen Spinnern, von vergessenen Pionieren, zielstrebigen Querdenkerinnen und auch von zwiespältigen Figuren, die den Boden des Gewöhnlichen verlassen und Ausserordentliches getan haben.

Einige sind kaum über ihren Herkunftsort hinausgekommen und haben doch Horizonte erweitert. Viele mussten der engen Heimat entfliehen und bekamen erst in der Fremde den Raum, um ihre Visionen zu verwirklichen. Wieder andere kamen von ausserhalb in die Schweiz und fanden gerade hier den zündenden Funken für ihre Ideen, die dann in die Welt hinausstrahlten. Manche traten mit dem Ziel an, Grosses zu vollbringen. Viele wuchsen umständehalber in die Pionierrolle hinein. Bei den meisten jedoch stellte sich erst im Nachhinein heraus, wie visionär sie waren.

Die Ideen, die sie verwirklichten, sind vielfältig: Einige taten Dinge, die vorher niemand für möglich gehalten hatte, und waren damit Wegbereiter und Türöffner. Viele machten Erfindungen und Entdeckungen, die unseren Handlungsraum erweiterten und die Welt voranbrachten. Manche errichteten Bauwerke, die zu weltbekannten Symbolen wurden, oder schufen Figuren, die als Ikonen der Menschheit ihr Eigenleben führen. Einige entwickelten Theorien und Konzepte, welche die Welt erklärten und für immer veränderten. Andere stifteten Glaubenssysteme, denen Tausende nachfolgten, oder lebten einfach ihren Traum und gaben dadurch ein meist inspirierendes und manchmal auch irritierendes Beispiel.

So unterschiedlich ihre Lebenswege und Lebenswerke sind – eines ist ihnen gemeinsam: Sie alle wurden von den Nachgeborenen vergessen, verkannt oder verdrängt. Dieses Buch erweckt sie zum Leben, gibt ihnen ihren Namen, ihr Gesicht und ihre Stimme zurück. Denn obwohl oder gerade weil sie die räumlichen und geistigen Grenzen der Schweiz überwanden und weltweit wirkten, gehören sie zum nationalen Fundus, aus dem das Land sein Selbstverständnis und seine Inspiration schöpft.

Viele Menschen haben zum Gelingen dieses Buches beigetragen. Ämter, Archive und Bibliotheken unterstützten die Suche nach Dokumenten und Lebenszeugnissen. Angehörige öffneten mir die privaten Nachlässe und ihre Erinnerungsschätze. Viele Freunde gaben mir wertvolle Hinweise, ohne die das Panoptikum nicht so reichhaltig und farbig geworden wäre. Thomas Gehring half mit den Übersetzungen aus dem Latein, Anna Kisters mit jenen aus dem Russischen. Ihnen allen sei herzlich gedankt. Dank schulde ich auch den Kolleginnen und Kollegen vom *Beobachter,* in dem die Porträts 2010 und 2011 in einer Serie mit dem Titel *Vergessen und verkannt – die andern Schweizer Karrieren* erschienen sind. Mein Dank gilt namentlich Daniel Röttele, der die Grafiken und Karten erstellt hat, und besonders Hanna Jaray sowie Sonia Favre, die fast weltweit die verstreuten Bilddokumente beschafft und zusammengestellt haben. Sie alle halfen mit, diese vergessenen Figuren ins Bewusstsein zurückzuholen.

Zürich, im August 2011 — Helmut Stalder

John Krüsi
Thomas Edisons rechte Hand

Er begann auf der Schattenseite
des Lebens und wurde zur Lichtgestalt:
Der Appenzeller John Krüsi baute
für Erfinder Thomas Edison den Phonographen und brachte die Glühbirne
zum Leuchten.

I John Krüsi, 1843–1899.

John Krüsi steht in der Werkstatt der Edison-Unternehmung, nimmt das Blatt Papier und unterdrückt einen Seufzer. Wieder so eine krude Skizze von Thomas Edison und ein Zettel mit dem Vermerk «Kruesi, make this» und «8 $», der Betrag, den er dafür aufwenden darf. «Also dann, mach es!», sagt er sich, wie schon oft in den fünf Jahren, seit er in Menlo Park, New Jersey, für den Erfinder arbeitet. Edison schätzt den 34-jährigen Einwanderer, nennt ihn seinen begabtesten Maschinenbauer und vertraut ihm blind, wenn er ein Testmodell braucht.

Es muss etwas Wichtiges sein, was er jetzt von Krüsi will. Die Skizze vom 29. November 1877 zeigt einen waagrechten Zylinder mit einer Kurbel und zwei eigenartigen Aufsätzen. Eine bahnbrechende Erfindung ist nicht zu erkennen, eher ein Spanferkel am Spiess. Krüsi hat keine Ahnung, was dieses Instrument soll. Er macht sich an die Arbeit, nach vier Tagen fragt er Edison, worum es eigentlich geht. «Ich werde Stimmen aufnehmen, und die Maschine wird zurücksprechen», sagt dieser knapp. Absurd, findet Krüsi und lässt das Edison auch spüren. Aber am 6. Dezember, nach 30 Stunden Schneiden und Schleifen, hat er den Prototyp hergestellt.

Edison hatte schon lang daran herumgedacht. Im Frühjahr 1877 begann er, den Telegraphen weiterzuentwickeln. Er wollte die Morsecodes reproduzierbar machen, damit sie schnell von Station zu Station durchgegeben werden können. Dazu sollten die elektrischen Impulse Einkerbungen in Papier hinterlassen. Gleiches schwebte ihm beim Telefon vor, hier mit einer mechanischen Aufzeichnung der Stimme.

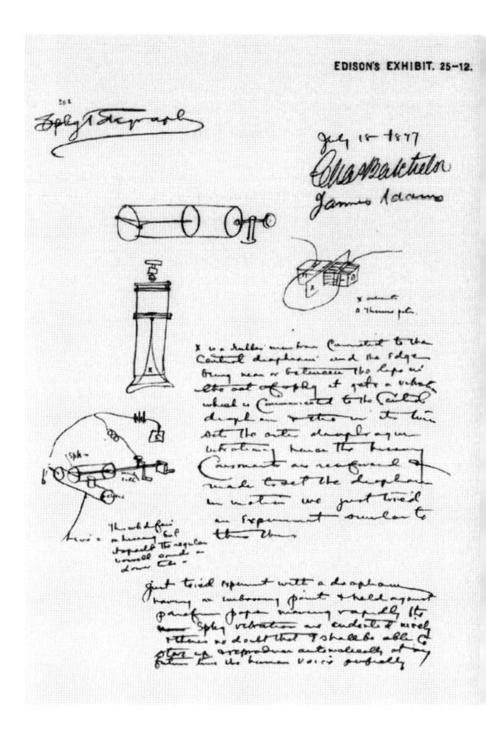

Edisons Idee zur Tonaufzeichnung vom 18. Juli 1877.

Die Maschine schreit zurück

Am 18. Juli skizziert er die Idee: Eine Membran mit einer Nadel wird gegen ein Paraffinpapier gehalten. «Die Schwingungen des Sprechens werden schön eingeprägt, und es besteht kein Zweifel, dass ich in der Lage sein sollte, die menschliche Stimme perfekt zu speichern und zu jedem künftigen Zeitpunkt wiederzugeben.» Im Sommer studiert er Details und Materialien. Der Name «Phonograph» taucht in Laborberichten auf, Mitte November bekommt die Presse Wind. Nun eilt es, denn noch ist seine Idee nicht patentgeschützt. Die nächsten Tage geht es drunter und drüber. Offenbar hat Edison noch eine Serie von Geistesblitzen, die er rasch in der fahrigen Skizze festhält, die er Krüsi hinlegt.

Als Krüsi das Ding präsentiert, sind alle gespannt. Vor ihnen steht, glänzend und schlicht, ein Maschinchen mit einem gerillten Messingzylinder. Edison überzieht ihn mit Zinnfolie und kurbelt. Langsam dreht sich der Zylinder und wandert eine Stange entlang. Jetzt spricht, nein: schreit Edison ein Kinderlied in die Schalldose. «Mary had a little lamb …» Die Nadel vibriert und prägt Hügel und Täler in die Folie. Dann klappt

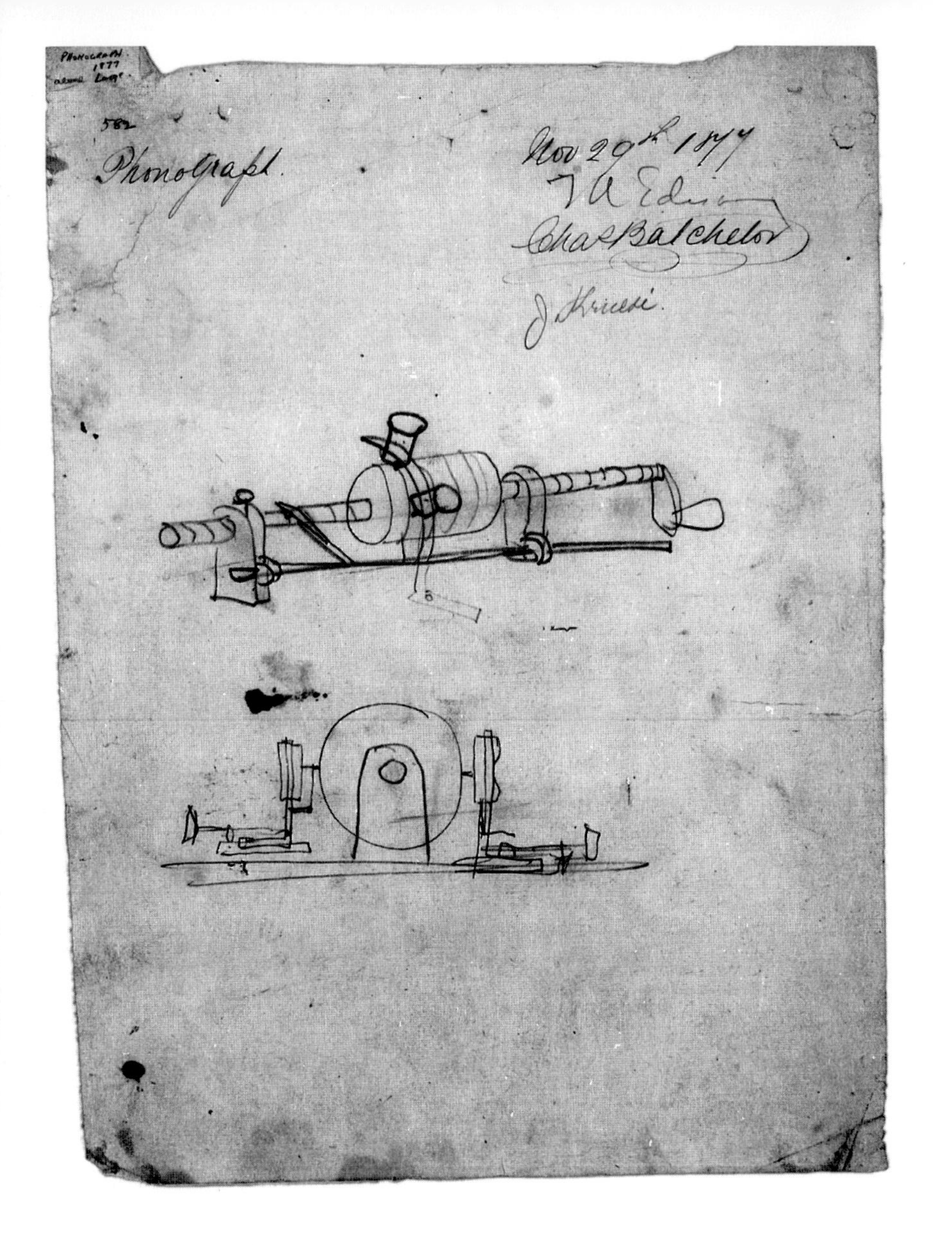

Edisons Skizze für den Phonographen vom 29. November 1877. Der Auftrag geht an John Krüsi (Vermerk in der Ecke rechts oben).

Edison die Schalldose weg und bringt eine zweite zur Wiedergabe in Stellung, kurbelt erneut, alle halten den Atem an. «Mary had a little lamb ...», schallt Edisons schneidende Stimme durch den Raum – klar und deutlich, schon beim ersten Mal. Krüsi ist wie vom Donner gerührt. «Mein Gott im Himmel!», ruft er. Erstmals ist eine Stimme reproduziert worden. Die ganze Nacht basteln die Männer herum, singen, rezitieren und lauschen mit Ehrfurcht den wiederkehrenden Wörtern.

«Ich war noch nie im Leben so überrascht», gestand Edison später. «Ich fürchtete mich stets vor Dingen, die beim ersten Mal funktionierten. Lange Erfahrung zeigte, dass meist grosse Rückschläge zu erwarten sind, bevor man auf den Markt kann. Aber hier hatten wir etwas, bei dem kein Zweifel bestand.» Tags darauf ging er mit Krüsis Prototyp ins Büro des *Scientific American,* wo so viele Redaktionsleute zusammenströmten, dass fast der Zimmerboden nachgab. Die Zeitschrift berichtete: «Die Maschine fragte uns nach unserer Gesundheit und ob wir den Phonographen mögen, informierte uns, dass es ihr gut gehe, und wünschte uns

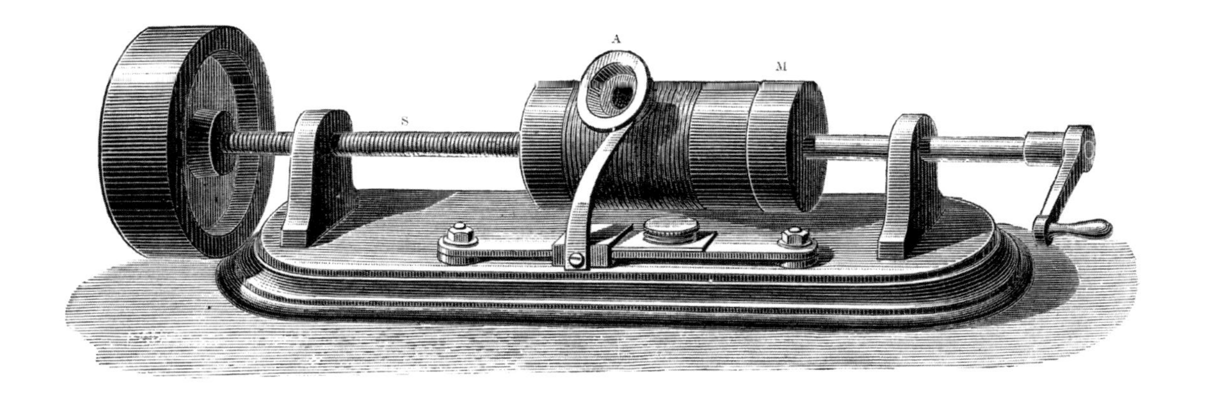

herzlich gute Nacht.» Der Phonograph war eine Sensation. Nur Tage später reichte Edison das Patent ein und nahm die Vermarktung in die Hand. Der Phonograph machte ihn weltweit berühmt, denn er begeisterte das grosse Publikum.

Vom Waisenhaus in die weite Welt hinaus

Dass John Krüsi eine Weltsensation konstruieren würde, war ihm nicht in die Wiege gelegt. Er kam am 15. Mai 1843 in Heiden AR als uneheliches Kind zur Welt. Seine 20-jährige Mutter Juditha Krüsi wurde «wegen Hurerei, falscher Vaterschaftsklage, verleumderischer Aussagen und lügnerischer Anschuldigungen der Untersuchungsbehörden mit vier Wochen Gefängnis und 20 Rutenstreichen» bestraft. Johannes kam als Kleinkind ins Waisenhaus von Speicher, wo er, wie ein Mitschüler berichtete, «nichts als ein armes, kleines Weberlein war und täglich dreimal aus zinnernen Schüsselchen sein Habermus ass». Die Ausbildung war mager, die Knaben mussten an Stickmaschinen arbeiten, dann durfte Krüsi nach St. Fiden in eine Schlosserlehre.

Offenbar war er talentiert, willensstark und abenteuerlustig. Nach Weiterbildungen in Zürich absolvierte er Praktika in halb Europa: 1864/65 Salzburg und Plauen, 1866/67 Kopenhagen und Hamburg, 1867/68 Paris. Kurz arbeitete er danach bei der Bahn in Rorschach. Dann, 1870, beschloss der 27-jährige Krüsi, in die USA auszuwandern. Er fand Arbeit bei der Nähmaschinenfabrik Singer in Newark, New Jersey. Dort richtete Edison, der mit Erfindungen in der Telegrafie debütiert hatte, gerade eine Werkstatt ein und suchte junge Talente. So wurde Krüsi 1872 einer seiner ersten Mitarbeiter.

Sie nannten ihn den «Ehrlichen John»

Edison erkannte rasch sein Talent und machte ihn zum Leiter der Maschinenwerkstatt. 1876 zog Edison ins neue Gebäude in Menlo Park und stellte ein Team mit mehreren ambitionierten Fachleuten zusammen. Diese «Muckers», wie er sie nannte, bauten und testeten seine Erfindungen.

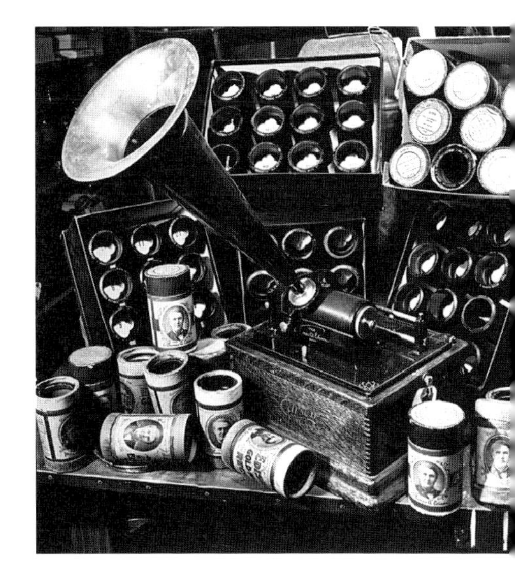

[oben] **Bauplan des von Krüsi am 6. Dezember 1877 vollendeten Zinnfolien-Phonographen.**

[unten] **Bis weit ins 20. Jahrhundert beliebt: der Phonograph mit zylinderförmigen Tonträgern.**

Krüsi wurde Chef dieses Labors. Er hatte 1873 Emily Zwinger geheiratet, Tochter eines aus dem Thurgau stammenden Apothekers in Pennsylvania. Bald zählte die Familie neun Kinder. Krüsis Hingabe galt jedoch der Arbeit. Er war so loyal, dass Mitarbeiter und Edison selbst ihn nur «Honest John» nannten. Der Visionär und sein solider Maschinenbauer ergänzten sich ideal. «Krüsi war schweizerisch trainiert nach der besten Vorstellung schweizerischer Präzision. Ein ausgezeichneter Mechaniker mit energischem Charakter und einer wunderbaren Fähigkeit, ununterbrochen zu arbeiten und Arbeit aus den Männern herauszuholen», sagte ein ehemaliger «Mucker». Es sei eine perfekte Kombination gewesen: «Edison mit seinem wundervollen Fluss von Ideen, die in seinem Kopf scharf definiert waren; Krüsi, gewillt, diese Ideen aufzunehmen, und fähig, sie zu verstehen und die Arbeit so zu verteilen, dass sie in fabelhafter Schnelligkeit und grosser Präzision getan wurde.»

Krüsi sei entscheidend für Edisons Erfolg gewesen, befanden die Edison-Biografen Robert Friedel und Paul Israel 1986: «Wenn die Erfindungen, die herauskamen, nicht funktionierten, war es, weil es schlechte Ideen waren, nicht weil sie schlecht gemacht waren. Und wenn die Ideen gut waren, so bewiesen es die Produkte aus Krüsis Werkstatt.»

Krüsi war an vielen Schlüsselerfindungen beteiligt, so am Quadruplex-Telegrafen und am Kohlemikrofon, später an Komponenten von Elektroloks und Dynamos. Auf eigenen Namen liefen Patente für «Krüsi-Tubes», isolierte, unterirdische Elektrizitätskabel, sowie für Selbstklebe-Isolierband und Stromabnehmer für Trams.

Geburtshelfer des elektrischen Zeitalters

Nach dem Phonographen konzentrierte sich Edison auf ein Projekt, das ihn schon lange umtrieb: die Glühbirne. Auch an dieser Jahrhunderterfindung hatte Krüsi wesentlich Anteil. Er experimentierte mit Platin- und Karbonfäden, fertigte mechanische Teile, testete Regulatoren. In Menlo Park wuchs nun eine Abteilung für Forschung und Entwicklung heran. Krüsi dirigierte all die Mechaniker, Chemiker, Mathematiker, Glasbläser, die Hunderte von Materialien und Komponenten testeten. Entscheidend war, einen Faden zu finden, der nicht gleich verglüht. Den Durchbruch brachte ein karbonisierter Baumwollfaden. Vom 22. auf den 23. Oktober 1879 brannte eine Lampe 14,5 Stunden.

Edisons Firmen boomten, als die elektrische Sonne aufging. Auch Krüsi stieg auf. 1881 baute er als Direktor der Teilfirma Electric Tube mit «Kruesi-Tubes» das erste Stromnetz in Manhattan. Die Edison-Unternehmung expandierte, zog nach Schenectady, New York, und steigerte die Belegschaft in sechs Jahren von 200 auf 4000 Leute. Krüsi rückte in immer

Die Stimme des Erfolgs: Werbung für den Phonographen.

höhere Managerpositionen auf. 1896 wurde er zum Chefingenieur von General Electric, des nun grössten Elektrokonzerns der Welt.

Krüsi starb am 22. Februar 1899 in Schenectady auf dem Zenit seiner Laufbahn. Ein Jugendfreund schrieb: «Er war bloss 55 Jahre alt und hatte ein Begräbnis wie ein König. Von New York und Chicago und sogar von noch weiter weg kamen Ingenieure und Präsidenten von Stromgesellschaften, und unter ihnen Edison selbst. Viel wurde gesagt zu Ehren des Verstorbenen, weil normale Leute immer bereit sind, einem zu danken, der die Strassen zu Wohlstand und Reichtum geöffnet hat.»

Edison war sich stets bewusst, wie viel er seinen «Muckers» und engsten Vertrauten verdankte. Einmal sagte er: «Genius ist ein Prozent Inspiration und 99 Prozent Transpiration.» Von Edison kamen die Einfälle, «Honest John» trug die schweisstreibende Knochenarbeit bei.

Maurice Koechlin
Ihm verdankt Paris den Eiffelturm

Koechlin-Turm müsste er heissen, der Eiffelturm. Das Pariser Wahrzeichen war nämlich nicht Gustave Eiffels Einfall, sondern jener des Schweizers Maurice Koechlin.

Maurice Koechlin, 1856–1946.

Ein ganzes Jahr lang haben die Franzosen das 120-Jahr-Jubiläum des Eiffelturms gefeiert. Das 324 Meter hohe Pariser Wahrzeichen wurde zum Jahrestag am 5. Mai 2009 frisch gestrichen und illuminiert und nach allen Regeln der Kunst neu inszeniert. Die Ausstellung «Gustave Eiffel – Le Magicien du Fer» im Pariser Rathaus ehrte den Erbauer für sein «Hauptwerk», und die Eiffelturm-Gesellschaft zeigte im Turm Dokumente der Baugeschichte. Aber eigentlich feierten die Franzosen den Falschen. Die Idee zum Bauwerk hatte nämlich nicht Eiffel, sondern der junge Schweizer Ingenieur Maurice Koechlin.

Herausgeputzt zum Jubiläum: 2009 wurde der Eiffelturm 120 Jahre alt.

Von der ETH zu Eiffel

Es ist Anfang Juni 1884 und der 28-jährige Koechlin arbeitet nun schon seit fünf Jahren als leitender Ingenieur im renommierten Büro Eiffel in Paris. Manche Stahlbrücke hat er bereits konstruiert, und von ihm stammt auch das Eisentraggerüst im Innern der Freiheitsstatue, die Frankreich im Juli dem US-Botschafter präsentieren und bald als Geschenk nach Übersee verschiffen wird. Maurice Koechlin wurde am 8. März 1856 im elsässischen Bühl geboren, als Spross einer im Elsass und in der Schweiz ansässigen Industriellenfamilie. Sein Grossonkel führte eine Lokomotivfabrik in Mülhausen, sein Vater eine Spinnerei, sodass Maurice früh mit den Anforderungen des Industriezeitalters vertraut wurde. 1873 schrieb er sich an der ETH Zürich ein, studierte bei Karl Culmann Ingenieurwesen und erwarb das Zürcher Bürgerrecht. Mit einem glänzenden Abschluss als Jahrgangsbester in der Tasche zog er 1877 nach Frankreich und arbeitete zwei Jahre lang als Ingenieur für die französische Ostbahn.

Als er zu Eiffel stiess, war dieser schon ein international anerkannter Ingenieur mit einem Spürsinn für Talente und dem Ruf, nicht zimperlich zu sein, wenn es ums Geschäft geht. Sein Partner Théophile Seyrig hatte eine Stahlfachwerkbrücke über den Douro in Portugal entworfen, ein aufsehenerregendes Bauwerk mit einem 160 Meter weit gespannten Bogen und vor allem mit tiefen Baukosten. Als dem Büro Eiffel danach ein Projekt angetragen wurde, in der südlichen Auvergne das Garabit-Viadukt mit einer ähnlichen Konstruktion zu erstellen, verlangte Seyrig eine angemessene Beteiligung. Eiffel kündigte kurzerhand den Partnerschaftsvertrag, setzte Seyrig vor die Tür und holte Koechlin an Bord, damit er das Garabit-Projekt überarbeitet und realisiert.

Geistesblitz am Stubentisch

Im Frühjahr 1884 steht das Garabit-Viadukt vor der Vollendung, und die Freiheitsstatue wird für den Transport nach Amerika bereit gemacht. Jetzt ergreift ein neuer Gedanke von Maurice Koechlin Besitz: Frankreich wird

1889 das 100-Jahr-Jubiläum der Französischen Revolution begehen und aus diesem Grund eine Weltausstellung veranstalten. Paris will sich dabei als Weltmetropole darstellen und hat einen Wettbewerb ausgeschrieben. Koechlin denkt mit seinem Ingenieur-Kollegen im Büro Eiffel, Émile Nouguier, über ein Projekt nach, «um der Ausstellung eine Attraktion zu geben». Ein Konkurrent hat bereits einen «Sonnenturm» entworfen. Aber dieser ist eine romantisierende Rekonstruktion des antiken «Leuchtturms von Pharos», die niemanden begeistert.

Am Abend des 6. Juni 1884 hat Koechlin in seiner Pariser Wohnung an der Rue Le Chatelier 11 den Geistesblitz: Auf einem Stück Papier skizziert er rasch und ohne technische Hilfsmittel den «Pylône de 300 m de hauteur», einen filigranen, 300 Meter hohen «Pfeiler». Das inzwischen vergilbte Beweisstück für Koechlins Urheberschaft am Eiffelturm liegt heute im Archiv der ETH-Bibliothek in Zürich. Die Skizze zeigt deutlich die Konstruktion mit dem Eisenfachwerk, den konischen Pfeilern und den Etagen.

«Pylône de 300 m de hauteur». Am 6. Juni 1884 skizziert Maurice Koechlin seinen Turm.

Der Turm soll das höchste Bauwerk der Welt werden. Um die Dimensionen zu zeigen, zeichnet Koechlin auf das Blatt bekannte Bauwerke übereinander: Notre-Dame, die Freiheitsstatue, den Arc de Triomphe, dreimal die Säule der Place Vendôme und ein sechsstöckiges Gebäude. Konstruieren will er den Turm nach dem Prinzip der grafischen Statik, die er bei seinem Lehrer Culmann an der ETH gelernt hat; sie macht sichtbar, wie die Kräfte im Bauwerk wirken, sodass eine eigene physikalische Ästhetik entsteht. Das filigrane Stahlfachwerk, das dem Wind wenig Angriffsfläche bietet, erlaubt die bisher unerreichte Höhe von mehr als 300 Metern. Riesige Fundamente sollen den Bau im ungünstigen Grund am Ufer der Seine erlauben. Koechlin will so vor aller Welt modernste Ingenieurkunst demonstrieren. Sein Turm – ein Symbol des Industriezeitalters mitten in Paris.

Eiffel ist skeptisch

Koechlin legt den Entwurf Gustave Eiffel vor. Dieser zeigt nicht sonderlich viel Interesse, lässt Koechlin und Nouguier jedoch gewähren. Der Chefarchitekt des Büros, Stephen Sauvestre, überarbeitet den Entwurf, reduziert die Zahl der Plattformen und fügt die grossen Bögen an der Turmbasis hinzu. Koechlin macht die statischen Berechnungen und zeichnet die Baupläne. Nun erkennt Eiffel, der gewiefte Unternehmer, das Potenzial des kühnen Plans. Und als von den Behörden Interesse signalisiert wird, annektiert er das Projekt. Im Dezember 1884 setzt er einen Vertrag auf, in dem er Koechlin und Nouguier alle Rechte abkauft; er selbst verpflichtet sich, im Zusammenhang mit dem Turm stets ihre Namen zu

(1)

Pylone de 300$^{m tres}$ de hauteur

pour la ville de Paris 1889

Paris le 6 juin 1884

Avant Projet de Mrs E. Nouguier et M. Koechlin

Echelle 1/50

100^{m}

100

Dessin fait par M. Koechlin

Gustave Eiffel (1832–1923). Er annektierte das Projekt und boxte es durch.

nennen. Koechlin erhält für seine Leistung genau 51 418 Francs Honorar. In der Ausschreibung 1887 propagiert Eiffel nun das Projekt unter seinem Namen; Koechlin erscheint lediglich als ein Beiträger, aber nicht als Urheber.

Der Widerstand gegen das Monstrum ist zu Beginn gewaltig: «Wir, Schriftsteller, Maler, Bildhauer, Architekten, Liebhaber der bisher intakten Schönheit von Paris, protestieren gegen die merkantile Einbildungskraft eines Maschineningenieurs, der die Stadt unwiderruflich hässlich machen wird. Stellen Sie sich einmal diesen lächerlichen Turm vor, der wie der schwarze Schornstein eines Industriewerks mit seiner barbarischen Masse all unsere Denkmäler demütigen wird», steht in einem Aufruf. Dank Einfluss, Geld und Schlauheit boxt Eiffel den Turm jedoch durch, erstellt ihn auf eigene Rechnung für gut 7,7 Millionen Francs und lässt sich die Nutzungsrechte für 20 Jahre geben. Pünktlich zur Weltausstellung ist der Turm fertig, gebaut nach der Idee und den Plänen von Maurice Koechlin. Eiffel selbst spricht stets vom «Turm von 300 Metern» und erwähnt seine Mitarbeiter jeweils ausdrücklich. Dass er sich das ganze Konzept angeeignet hat, macht er jedoch nicht deutlich.

«Die Idee und die Berechnungen stammen von mir»

Noch in der offiziellen Darstellung 120 Jahre später wurde Maurice Koechlin nur am Rande erwähnt. «Es ist den Franzosen peinlich, dass der Erfinder nicht Franzose, sondern Schweizer war», glaubt sein Grossneffe

René Koechlin. Der 78-jährige Genfer Architekt führt zwar keinen Kreuzzug zur Rehabilitierung seines Vorfahren. Aber es liegt ihm viel daran, Koechlins Leistung heute ins richtige Licht zu stellen: «Eiffel war der Promotor, aber die Idee stammt von meinem Grossonkel, und auch die Konzeption und die statischen Berechnungen hat er gemacht», betont René Koechlin. «Das Strukturprinzip der grafischen Statik war bekannt. Aber das Innovative war die geniale Ausnutzung der Culmann'schen Methode für ein repräsentatives Gebäude dieser Dimension.»

Dass sich der Name «Eiffelturm» etabliert, liegt daran, dass das Projekt über Eiffels Büro läuft und dass Eiffel auch die anfängliche Ablehnung auf sich zieht. Nach der Eröffnung schlägt diese rasch in Begeisterung um, und das ursprüngliche Schmähwort «Eiffelturm» steht nun für eine grandiose Leistung. Eiffel ist es dann auch, der nach Ablauf der Konzession den Abriss «seines» Turms verhindert. Er wird für astronomische, meteorologische und aerodynamische Versuche geöffnet. Und als er sich für Telegrafie, Funk, Radio und fürs Militär als nützlich erweist, verlängert die Stadt die Konzession.

Maurice Koechlin, dem grosse öffentliche Zurückhaltung nachgesagt wird, stört sich angeblich nicht am Namen Eiffelturm. Zum 50. Jahrestag des Turms 1939 sagt er: «Die Idee und die Berechnungen stammen von mir. Aber der Vater des Turms ist Eiffel.» Er habe «mit der ihm eigenen Hartnäckigkeit» alles Nötige getan, «um das Projekt zu adoptieren und zu realisieren».

Koechlin ist nach dem Bau des Turms weiter als Ingenieur aktiv, konzipiert Brücken und Viadukte und legt – allerdings vergeblich – auch ein Projekt für den Bau der Jungfraubahn in der Schweiz vor. Er bleibt mit Eiffel kollegial verbunden, übernimmt 1893 die Büroleitung und bis 1926 auch den Vorsitz der Eiffelturm-Gesellschaft. Er wird zum Offizier der französischen Ehrenlegion ernannt, sonst beschränkt sich die Anerkennung auf Fachkreise. Zu Beginn des Zweiten Weltkriegs zieht er mit seiner Frau Emma Rossier nach Veytaux in der Waadt am Genfersee, wo er 1900 ein Haus gebaut hat. Am 14. Januar 1946 stirbt er 90-jährig, begraben ist er in Vevey.

Sein Turm in Paris wurde rasch zum Publikumsmagneten. Gut 250 Millionen Menschen haben ihn vom Bau 1889 bis zum Jubiläum 2009 besucht, und jedes Jahr werden es fast sieben Millionen mehr. «Maurice Koechlin war ein sehr bescheidener Mann, der sich nicht in den Vordergrund drängte», sagt René Koechlin. Aber ohne ihn gäbe es diesen Turm nicht.

Jacob Nufer

Der Schweinekastrator und sein Schnitt des Lebens

Einem Schweinekastrator aus dem Thurgau ist um 1500 der erste erfolgreiche Kaiserschnitt gelungen. Jacob Nufer rettete Mutter und Kind und öffnete der Medizin eine Tür zur Neuzeit.

I Neuzeitlicher Kaiserschnitt, Kupferstich von 1666.

Herrgott, hilf! Jacob Nufer ist verzweifelt. Seit Tagen liegt seine Frau Elisabeth Alespach mit ihrem ersten Kind in den Wehen. Sie ist zu Tode erschöpft. Wenn nichts geschieht, stirbt sie, weiss Jacob Nufer. Er sieht nur einen Ausweg: Er muss seinem geliebten Weib den Bauch öffnen und das Kind herausholen. Und er weiss, was das bedeutet: Vielleicht rettet der Kaiserschnitt das Kind. Aber noch nie hat eine Mutter diesen Eingriff überlebt – höchstwahrscheinlich verblutet auch Elisabeth auf dem Kindbett oder wird bald dahingerafft vom Fieber.

Mit Messern kann Nufer umgehen, er wird nicht zittern. Er ist «Schweineschneider und Kapaunemacher», kastriert also Hähne und Ferkel, damit sie schnell fett werden. Hilft es ihm jetzt, dass er ein bisschen etwas versteht vom Innern des Unterleibs und von Wundversorgung, wenn auch nur bei Federvieh und Schweinen? Tatsächlich gelingt Nufer an diesem Tag im Jahr 1500 erstmals ein Kaiserschnitt, den Mutter und Kind überleben.

Der Fall des Kastrators aus dem thurgauischen Siegershausen ist in die Medizingeschichte eingegangen. Der Basler Professor und Anatom Caspar Bauhin (1560–1624) übersetzte 1588 ein Werk des französischen Arztes François Rousset über den Kaiserschnitt auf Latein und fand Nufers Tat derart bemerkenswert, dass er sie im Anhang auf drei Seiten niederschrieb. Das Buch machte die Runde unter den Ärzten in Europa, und 1666 übertrug der Arzt Amadeus Megerlin die Schilderung ins Deutsche.

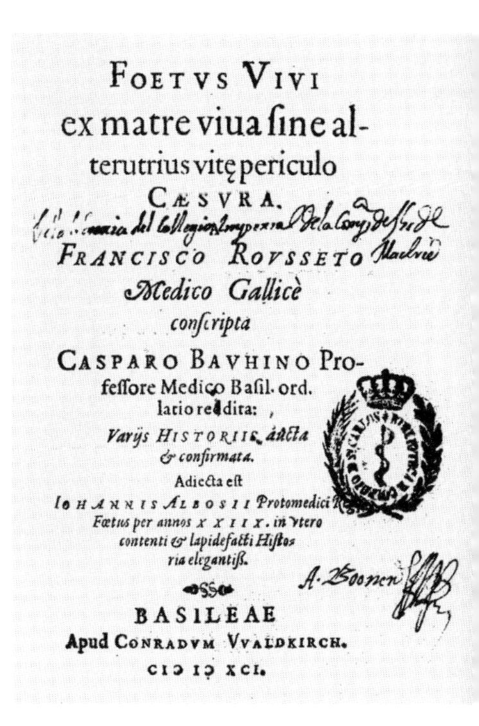
FOETVS VIVI
ex matre viua ſine alterutrius vitę periculo
CÆSVRA.
FRANCISCO ROVSSETO
Medico Gallicè
conſcripta
CASPARO BAVHINO Profeſſore Medico Baſil. ord.
latio reddita:
Varijs HISTORIIS aucta
& confirmata.
Adiecta eſt
IOHANNIS ALBOSII Protomedici
Fœtus per annos XXIIX. in vtero
contenti & lapidefacti Hiſtoria elegantiſſ.
BASILEAE
Apud CONRADVM VVALDKIRCH.
CIↃ IↃ XCI.

François Roussets Lehrbuch: Der Basler Anatom Caspar Bauhin übersetzte es 1588 und nahm Nufers Fall auf.

13 Hebammen wussten keinen Rat

Gemäss diesem Bericht hat Nufers Ehefrau Elisabeth, schmerzgeplagt und verängstigt, alles versucht: *«Da hat sie dreyzehen Heb-Ammen oder Weh-Mütter und etliche Wund-Ärzte zu sich erfordert, von welchen sie Hülff und Rath zu erlangen, aber umbsonst und vergebens verhoffet hat: dann sie weder das Kind gebähren, noch all die Beruffenen ihren Schmertzen stillen, noch sonsten ihr helffen konten.»* Weil keine Hoffnung mehr besteht, sagt Jacob Nufer seiner Frau, er beabsichtige *«eine glückliche Prob mit erwünschtem Fortgang an ihr zu thun»*, schrieb Megerlin.

Nufer wagt es jedoch nicht ohne kirchlichen Segen. Ein Kind per Kaiserschnitt aus einer toten oder sterbenden Mutter zu befreien ist damals aus kirchlicher Sicht zwar geboten, damit keine Seele verloren gehe. Vielerorts ist die «sectio in mortua» gar Pflicht der Hebammen. Unklar ist jedoch, ob man den Eingriff an einer Lebenden vornehmen darf und ob dann die Frau oder das Kind Vorrang hat. Mit Elisabeths Einverständnis eilt Nufer zum Pfarrer. *«Als sie sich nun gutwillig darzu verstanden, da ist ihr Mann darauff alsobalden zu dem Herrn Prälaten nacher Frauenfeld gegangen, ihm die Sach erzelet, sein Vorhaben geoffenbaret und umb Erlaub-*

Bloss eine Legende: Julius Cäsar soll per Kaiserschnitt zur Welt gekommen sein. Buchmalerei von 1400.

nus bey ihme angehalten.» Zuerst zögert der Pfarrer. *«Doch aber, weil er sahe, dass der Mann nächst Gottes Hülff all seine Hoffnung und Zuversicht dahin gestellet, als hat ers endlich geschehen lassen.»*

Was Jacob Nufer im Sinn hat, ist auch für die Hebammen ungeheuerlich. Die Beherzten und Unverzagten sollten ihm helfen, sagt er, die Furchtsamen jedoch sollten das Gemach verlassen, *«dann er etwas an seinem Weibe vernemmen wolle, wardurch er verhoffe, neben Gottes Hülff und Segen sein Weib auss grossen Noth und höchster Gefahr zu erretten und beym Leben zu erhalten»*.

Gleich wie beim Schwein

Elf Hebammen gehen hinaus, nur zwei und die Wundheiler bleiben. *«Hierauff hat der Mann die Thür verriegelt, den Allmächtigen Gott umb Hülff und Beystand angeruffen, sein Weib auff den Tisch geleget und ihr den Leib (nicht anders als einem Schwein) auffgeschnitten.»*

Bauhin und Megerlin berichteten bei der Aufzeichnung des Falls nicht viel über die Operationstechnik. Vermutlich benutzte Nufer seine Kastrationsinstrumente. Wie er den Schnitt setzte, ist nicht überliefert. Aber er tut es offenbar gekonnt: «*Es ist aber gleich der erste Schnitt in den Bauch so wol und glücklich abgegangen, dass man das Kind gantz und unverletzt alsobalden hat herauss nemmen können.*» Als die elf Hebammen das Kind schreien hören, wollen sie in die Kammer eilen. Man lässt sie jedoch nicht ein, bis «*das Kind gereiniget und die Wunde nur auff die Weise, wie man die alten Schuhe sticken pfleget, widerumb geheftet und zugemacht gewesen*».

Interessant wäre zu erfahren, wie Nufer die Wunde verschloss. Die Ärzte jener Zeit nähten nämlich bei Kaiserschnitten nur die Bauchdecke, nicht aber die Gebärmutter, denn sie glaubten, diese schliesse sich selbst und eine Naht wäre schädlich. In Megerlins Schilderung heftete Nufer die Wunde «wie die alten Schuhe». In Bauhins lateinischem Originaltext heisst es nur, sie sei «veterinario more», also «nach Art der Tierärzte», genäht worden. Hat Nufer seiner an Tieren gewonnenen Erfahrung vertraut und entgegen der Lehre die Uteruswand vernäht?

Stimmt die Geschichte, müsste er das getan haben, denn es kam zum Happy End: «*Ja eben dieses Weib hat nach solcher mit ihr vorgenommener Bauch- und Gebähr-Leibes-Auffschneidung das zweyte mal, als sie schwanger worden, Zwilling geboren. Nach diesen Zwillingen hat sie noch vier andere Kinder geboren: das jenige aber, welches auss ihrem Leibe herauss geschnitten worden, hat sein zeitliches Leben erst im Jahr 1577 beschlossen.*»

Im späten 19. Jahrhundert, als der Kaiserschnitt seinen Schrecken verloren hatte, wurde die Geschichte angezweifelt: Dass Nufer das Kind mit einem einzigen Schnitt freigelegt habe, deute darauf hin, dass es nach einem Uterusdurchbruch bereits in der Bauchhöhle lag, hiess es. Das mache jedoch die späteren sechs natürlichen Geburten der Frau unglaubhaft.

Auch wenn vieles im Dunkeln bleibt: Nufers Kaiserschnitt markiert einen Wendepunkt. Er und die Ärzte, die den Fall beschrieben, wollten nicht länger die unerbittliche Regel akzeptieren, dass die Mutter in jedem Fall stirbt.

Ärzte fühlten sich lange nicht zuständig

Aus der Antike gab es etliche Legenden von Schnittentbindungen. «Caesones» wurden die so zur Welt Gekommenen genannt, von «caedere», «herausschneiden». Der prominenteste «Schnittling» soll Julius Cäsar gewesen sein, woraus der Begriff «Kaiserschnitt» entstand. Weil die Frauen schon tot waren oder im Sterben lagen, sprach man von einer «Geburt aus

CASPARI BAVHINI. 177

5. De variis Pessariis, & quomodo ea conceptum non impediant, idq; superfœtationis exēplo. SECT. VI.

Conabor hæc exemplis & historiis partim mihi per literas communicatis, partim ab Authoribus descriptis, & partim ex propria obseruatione petitis, illustrare & comprobare.

I.

EXEMPLA ALIQVOT τῆς ὑστεροτομοτοκίας comprobantes.

HISTORIA. I.

CVM circa annum salutis 1500. Elisabetha Alespachin, Iacobi Nufer ὀρχοτόμου, in pago Sigershausen (præfecturæ Gottliebanæ in Turgauia, parochiæ Altishvuilanæ) vxor, primo vtero gestaret, & iam doloribus partus per aliquot dies diuexaretur, ad se Obstetrices tredecim, & aliquot lithotomos vocauit, à quibus, frustrà tamen, opem sperabat, cûm nec fœtus excludi, nec etiam dolores mitigari possent. Quare iam desperata salute, maritus vxori cōsilium suum

M

Caspar Bauhin schildert den Fall von «Elisabetha Alespachin» und «Jacobi Nufer» 1588 in Latein.

dem Tod» und prägte für die Kinder den Ausdruck «über dem Grabe geboren». Antike und mittelalterliche Epen umgaben den Kaiserschnitt mit einem Nimbus und sahen ihn als Zeichen besonderer Auserwähltheit von Herrschern und Heiligen an.

Der Eingriff an einer Lebenden, die «sectio in vivo», ist in der Antike jedoch nicht bezeugt. Sie war bis weit ins 16. Jahrhundert eine Verzweiflungstat, bei der der Tod der Frau als naturgegeben hingenommen wurde. Praktische Geburtshilfe war allein Aufgabe von Hebammen. Gelehrten und Ärzten fehlte jede Erfahrung, und so bemühten sie sich lange nicht darum, eine Erfolg versprechende Operation für Mutter und Kind zu entwickeln.

Diese Einstellung änderte sich an der Schwelle zur Neuzeit. Die Ärzte begannen, sich jenseits antiker und mittelalterlicher Mythen mit Operationshygiene und Anatomie zu beschäftigen. Langsam stiegen die Überlebenschancen bei Schnittentbindungen, vor allem, als im 19. Jahrhundert endlich die fatale Lehre vom offenen Uterus fiel. Jacob Nufer, der Schweinekastrator aus dem Thurgau, markiert damit den Anfang der neuzeitlichen Geburtschirurgie.

Louis Chevrolet
Ein Leben auf der Überholspur

Er hat Renngeschichte geschrieben, und Millionen von Autos tragen seinen Namen. Doch gestorben ist er arm und anonym: Louis Chevrolet, Rennfahrer und Konstrukteur aus La Chaux-de-Fonds.

I Louis Chevrolet, 1878–1941.

Gut 20 000 Zuschauer springen von den Bänken, feuern die Fahrer an. Die Brüder Louis und Gaston Chevrolet liefern sich an diesem 20. September 1919 auf dem Speedway bei New York ein Duell. Ihre Frontenac-Rennwagen donnern über die Holzbretterpiste. Einmal liegt der 41-jährige Louis vorn, der legendäre Draufgänger, einmal der 14 Jahre jüngere Gaston. Louis umklammert das Steuer, mit 185 Sachen rast sein Wagen vorwärts.

Doch jetzt – der Motor brüllt auf. Flammen! Die Zuschauer schreien. Nicht bremsen, denkt Louis, sonst überschlägts mich. Rauch raubt ihm Sicht und Atem. Tollkühn steigt er aus dem Sitz, stehend steuert er den Wagen, an einer Betonwand bringt er ihn zum Stehen. Er und sein Mechaniker springen hinaus. Sie tragen nur einige Brandblasen davon, und Louis ein paar angesengte Schnauzhaare. Er lacht breit, während Gaston im anderen Wagen als Sieger ins Ziel geht. Die Zuschauer jubeln. So liebt das Publikum Louis Chevrolet, den Heisssporn, der seit 1905 auf allen Rennstrecken triumphiert. «Never give up» – «Gib niemals auf» – ist sein Motto, und so lebt er, seit er erstmals Benzin gerochen hat.

Schnelle Modelle – und immer mit der Glückszahl 8: Louis Chevrolet am Steuer eines seiner Frontenac-Boliden.

Mit Pioniergeist zu Weltruhm

Mit nichts als etwas technischem Geschick und Tatendrang ist Louis Chevrolet 1901 nach New York gekommen. Zehn Jahre später ist er das Idol der Pisten, konstruiert überlegene Rennwagen und ist Teilhaber einer Autofabrik in Detroit, die seinen Namen trägt. Rund 130 Millionen Chevrolets sind bis heute vom Band gelaufen. Der «Chevy» ist das populärste Auto der USA und eine der bekanntesten Marken weltweit. Dass dahinter ein ungebildeter Uhrmachersohn aus der Schweizer Provinz steckt, wissen die wenigsten.

Dabei hat die Geschichte alles, was ein unsterbliches Heldenepos ausmacht: niedere Herkunft, Pioniergeist, kometenhafter Aufstieg. Aber dann wird die amerikanische Tellerwäscherstory zur griechischen Tragödie: Der bewunderte Selfmademan wird von seinen Partnern ausgebootet, versinkt in geistiger Umnachtung und stirbt fast mittellos. Während die Chevrolet-Autos ihren Siegeszug auf den Strassen der Welt antreten, verschwindet seine Person hinter dem Namen, den er für ein Butterbrot hergegeben hat.

Kräftig anschieben – der Traum erwacht

Als Louis Chevrolet am 25. Dezember 1878 in einem Häuschen an der Rue du Grenier 22a in La Chaux-de-Fonds geboren wird, deutet nichts darauf hin, dass er Autogeschichte schreiben wird. Der Vater ist als Uhrmacher wenig erfolgreich. Um 1880 zieht die Familie ins jurassische Bonfol, später nach Beurnevésin. Dann treibt die Uhrenkrise die Familie nach Beaune ins Burgund. Louis ist jetzt sechs Jahre alt, er hat vier Geschwister, bald kommen zwei weitere hinzu. Die Kinder müssen die Schule früh verlassen und Geld verdienen. An höhere Bildung ist nicht zu denken.

Verbürgt ist, dass Louis früh ein Flair für Mechanik entwickelt. Im Fahrradgeschäft Roblin repariert er Velos und fährt auch lokale Velorennen. Glaubt man den Anekdoten, hat er in Beaune ein Schlüsselerlebnis. 1893, als noch kaum Autos unterwegs sind, strandet ein Tourist mit seinem Wagen, Anschieben nützt nichts. «Ich konnte mein Glück kaum fassen, als er sagte, ich dürfe es versuchen», erzählt Chevrolet später. «Vielleicht weil ich stärker und schneller schieben konnte als er, sprang der Motor beim ersten Versuch an. Plötzlich sass ich da und fuhr Auto. Ich war der glücklichste Kerl der Welt.» Dass der Tourist der US-Finanzmagnat Vanderbilt gewesen sei und dem 15-Jährigen geraten habe, sein Glück als Mechaniker in den USA zu suchen, ist eine Legende. Aber Vanderbilt hin oder her – das Feuer in Louis ist entfacht.

Zuerst geht er nach Paris, damals die Weltkapitale des Automobils, und lernt bei Marken wie De Dion-Bouton und Darracq. Aber er will nach Amerika, ins gelobte Land der Motorisierung. Mit 21 trifft er im kanadischen Montreal ein, jobbt als Chauffeur, zieht nach New York und arbeitet bald in der US-Niederlassung von De Dion-Bouton, dem grössten Autobauer der Welt. 1905 heuert er bei Fiat als Mechaniker und Fahrer an. Am 20. Mai fährt er sein erstes Rennen und schreibt gleich Geschichte: Mit einem 90-PS-Fiat erreicht er im Schnitt 109,7 Stundenkilometer. Weltrekord!

Jetzt ist Chevrolet nicht mehr zu bremsen. Er bricht Rekorde in Serie, räumt Pokale ab und schlägt mehrmals das US-Idol Barney Oldfield. Ohne Helm und Gurt auf Schotterpisten – die Piloten fahren am offenen Grab. Immer wieder schrammt Louis am Tod vorbei. Seine Kühnheit begeistert, und er imponiert mit seinen 1,82 Metern und 97 Kilos, dem Schnauz à la gauloise und der Zigarette im Mundwinkel. Bald nennen ihn die Reporter «daredevil frenchman», «französischer Teufelskerl». Auch den Fabrikanten fällt er auf. Rennsiege sind wichtig für die Autoindustrie, denn sie stärken das Vertrauen ins neue Vehikel und die Marken. So nimmt ihn 1907 William C. Durant für Buick unter Vertrag.

Das Geschäftsleben beginnt

Der knallharte Durant hat 1905 bei Buick die Kontrolle übernommen und bringt die Firma 1908 in die neue General Motors (GM) ein, in der Cadillac, Oldsmobile und andere vereint sind. Zuerst fährt Louis Rennen, oft gegen seine jüngeren Brüder Arthur und Gaston. Durant findet

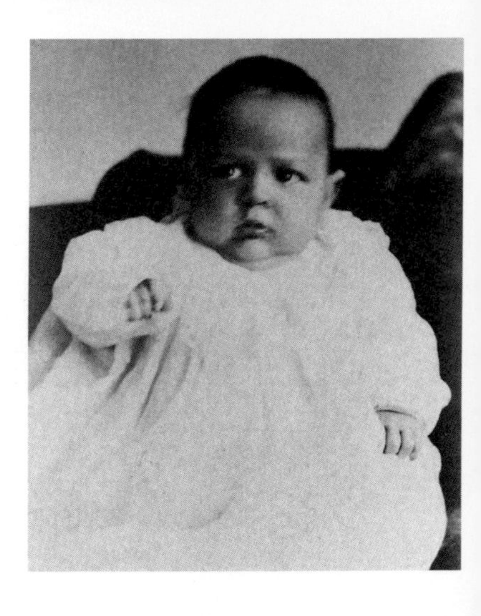

[oben] **Jurassisches Arbeiterkind: Louis als Baby.**

[unten] **Rue du Grenier 22a: Chevrolets Geburtshaus in La Chaux-de-Fonds wurde 1959 abgebrochen.**

aber bald, Louis sei als Konstrukteur zu begabt, um ständig sein Leben zu riskieren.

1910 verlässt Durant General Motors im Streit und bringt ein neues Firmenkonstrukt in Stellung, das GM angreifen soll. In Flint gründet er die Mason und die Little. Auch Louis Chevrolet wird Geschäftsmann: Mit zwei Vertrauten Durants als Hauptaktionären gründet er am 3. November 1911 die «Chevrolet Motor Car Company». Die Idee: Mason baut Motoren, Little baut Kleinwagen, die das billige T-Modell von Ford herausfordern – und Chevrolet baut grosse Autos, die Oldsmobile und Cadillac attackieren. Durant glaubt, dass Chevrolet als Marke zieht. Alle kennen den Rennfahrer, der Name klingt europäisch, und dass er von «Ziegenzüchter» kommt, dürfte Durant weder gewusst noch interessiert haben. Louis wird an der Firma zwar nur mit 100 Aktien im Wert von 10.000 Dollar beteiligt. Aber er ist glücklich, denn er kann Autos bauen, die seinen Namen tragen.

1912 kommt sein erstes, ein Sechszylinder «Classic Six» für stolze 2150 Dollar, ein eleganter Fünfplätzer, der 100 Kilometer pro Stunde schafft. Vorn prangt ein Chevrolet-Schriftzug, der Handschrift des Meisters nachempfunden. Louis glaubt, die Leute würden für so ein Auto gern bezahlen. Aber Durant hat längst erkannt: Es geht um einen Massenmarkt, in dem der Preis entscheidet. Immer wieder drängt er Louis, einen kleineren Motor für Little zu bauen.

Draufgänger auf den Rennstrecken: Louis Chevrolet als 20-Jähriger bei einem Velorennen.

«Ich habe Ihnen meinen Namen verkauft»

Im Sommer 1913 reist Louis mit seiner Familie nach Europa. Derweil schafft Durant in den USA Fakten: Er schliesst das Chevrolet-Werk in Detroit, unterstellt die Firma der Little in Flint. Er beschliesst, einen billigen Little in Grossserie zu bauen und die Little-Autos nun Chevrolet zu nennen. Zudem führt er ein neues Chevrolet-Logo ein und eliminiert so auch sinnbildlich Louis' Handschrift.

Die Aussprache nach Louis' Rückkehr ist heftig. «Mein lieber Louis, deine ‹Classic Six› ist sehr schön», sagt Durant, «aber die Produktion ist teuer. Man muss das ganze Projekt überdenken und ein billiges Auto ins Auge fassen, das fähig ist, Henry Ford zu konkurrenzieren.» Unerträglich für Rennfahrer Chevrolet. Werde ein solches Auto gebaut, dann ohne ihn, tobt er. «Ich habe Ihnen mein Auto verkauft, ich habe Ihnen meinen Namen verkauft. Aber ich will Ihnen nicht mich selbst verkaufen», sagt Chevrolet, knallt die Tür zu und begeht damit den Fehler seines Lebens.

Er sieht sich gezwungen, aus der Firma auszutreten und seine Aktien abzugeben. Er hat nun weniger Geld als vorher, darf unter seinem Namen keine Autos mehr bauen und verpasst den Boom, der nun bei Chevrolet einsetzt. Dank einem billigen Modell explodieren die Verkäufe.

Begabter Konstrukteur: Chevrolet [rechts] **begutachtet mit Ingenieur Cornelius Van Ranst einen Frontenac-Motor.**

Die Firma ist bald so kostbar, dass Durant sie als Köder nutzt. Mit einem Aktientausch kauft er sich wieder bei GM ein und kapert den Konzern. 1927 überrundet Chevrolet gar Fords T-Modell. Der «Chevy» ist nun die populärste Automarke der USA, das Logo, ein schief gestelltes, flaches Kreuz, allgegenwärtig.

Um die Entstehung des Emblems ranken sich Legenden. Falsch ist, dass es als Reminiszenz an Louis' Heimat ein abgewandeltes Schweizer Kreuz darstelle. Korrigiert wurde auch die Geschichte, Durant habe es 1908 von der Tapete eines Pariser Hotels kopiert. Durants Frau versicherte später, er habe es um 1912 in einer Zeitung in Virginia gesehen. Ein findiger Chevrolet-Forscher glaubte 1990, das Geheimnis gelüftet zu haben. In einer Zeitung aus Georgia von damals entdeckte er eine Reklame für Kohlebriketts namens «Coalettes» mit dem Originallogo.

Als Geschäftsmann gescheitert, besinnt sich Chevrolet auf das, was er kann: Rennautos bauen und Rennen gewinnen. Er gründet eine neue Firma und baut den Frontenac, bald setzen sich die Boliden durch. 1919 wird er Entwickler der Monroe-Werke und macht seinem Ruf als Teufelskerl am 500-Meilen-Rennen von Indianapolis Ehre: Auf der letzten Runde bricht die Vorderachse, aber er fährt auf drei Rädern ins Ziel und wird Siebter.

Letzte Anläufe und schneller Abstieg

1920 ist das schönste und zugleich traurigste Jahr der Chevrolet-Brüder. Gaston siegt in Indianapolis, im Herbst jedoch verunglückt er tödlich. Für Louis der Wendepunkt – nie mehr will er Rennen fahren. Stattdessen wirft er sich ins nächste Abenteuer. Ein Partner, der den Frontenac als Touringwagen bauen will, lässt ihn mit Schulden sitzen. Mit einer neuen Firma baut er dann Frontenac-Motoren für die Rennversion des T-Modells von Ford. Der «Fronty-Ford» fährt jedoch nie in die vorderen Ränge. Chevrolets Karriere als Rennwagenbauer neigt sich dem Ende zu. Schon 1926 hat er mit Flugzeugmotoren begonnen. Die Weltwirtschaftskrise macht aber auch diese Projekte zunichte und bringt Louis in Not. 1933 entschliesst er sich – Ironie des Schicksals –, bei GM einzusteigen, bei der Firma, die das Auto mit seinem Namen baut. Er tritt jedoch nicht als Geschäftsmann ein, der er nie war, sondern als das, was er eigentlich stets geblieben ist: als einfacher Mechaniker.

Dann stürzt das einstige Idol vollends ab. 1934, mit 56 Jahren, trifft ihn ein Hirnschlag. Alle seine Konstruktionspläne fallen einem Brand zum Opfer. Einer seiner zwei Söhne erliegt einer Krankheit. Fünf weitere Hirnschläge lähmen ihn, ein Raucherbein wird amputiert, er verfällt körperlich und geistig. Die «Chevys» sind erfolgreich, aber er hat nichts davon. «Wenn du nur ein Viertel des Gewinns an jedem verkauften Chevrolet bekämst, könntest du mir einen Diamanten schenken», soll seine Frau manchmal gesagt haben. Louis stirbt am 6. Juni 1941 mit 62 Jahren in Detroit. Sein Tod bleibt mitten im Weltkrieg fast unbemerkt. Begraben liegt er in Indianapolis, in Hörweite des Speedway, neben Gaston.

Nach dem Hirnschlag: Chevrolet mit knapp 60.

Erst viel später bekam Louis als Pionier der US-Autoindustrie Anerkennung. 1975 wurde in Indianapolis ein Memorial errichtet, die «Hall of Fame» nahm ihn auf. Zum 50. Todestag 1991 erinnerte man sich auch von Schweizer Seite an den Weltmann, der immer stolz auf seine Herkunft war. Beim Memorial legte der Botschafter einen Kranz nieder, in Bonfol gibt es seither eine Place Louis Chevrolet, in La Chaux-de-Fonds ist eine Strasse nach ihm benannt. Seit einigen Jahren begehen Fans im Sommer in der Schweiz das internationale Louis-Chevrolet-Event mit einer Oldtimer-Fahrt. Und im Frühling 2011 feierte auch die Firma Chevrolet ihr 100-Jahr-Jubiläum unter dem Motto «Chevrolet Homecoming» in der Geburtsstadt des Namensgebers.

«Ich war zuerst da»

Die Firma Chevrolet verkauft heute jährlich mehr als 3,5 Millionen Autos in 130 Ländern. Schweizerischen Ursprungs sind sie nicht. Aber ebenso falsch wäre es zu sagen, sie hätten nichts mit der Schweiz zu tun. Ein Reporter fragte Louis Chevrolet kurz vor dem Tod: «Sind Sie berühmt geworden dank dem Auto Chevrolet, oder ist es das Auto, das Ihnen den Ruhm verdankt?» Louis antwortete: «Ich glaube, es gab eine gegenseitige Beeinflussung. Aber ich war zuerst da!»

Pietro Antonio Solari
Ein Tessiner lehrt Russland das Glänzen

Ein Tessiner Architekt hat den Kreml gebaut. Doch die Sowjets schwiegen Pietro Antonio Solari tot – weil er kein Russe war.

I Pietro Antonio Solari, 1450–1493, verewigte sich mit dem Spasskaya-Turm am Roten Platz und sechs weiteren Türmen des Kreml.

Der junge Mann steht auf dem Bauplatz des Doms von Mailand, schüttelt sich den Staub aus dem Wams und liest den Brief nochmals. So könnte es gewesen sein, damals, vor mehr als 500 Jahren. Ein bisschen eitel ist er schon, der junge Architekt, und ehrgeizig auch. Der Brief vom 12. Januar 1481 schmeichelt ihm. Schliesslich geniesst nicht jeder Architekt in Mailand eine solche Wertschätzung des Herzogs Gian Galeazzo Sforza. Aber Pietro Antonio ist auch nicht irgendwer, sondern ein Solari aus Carona im Tessin, Enkel von Giovanni Solari, Sohn von Guiniforte Solari, beide oberste Baumeister des Doms, an dem schon fast 100 Jahre gebaut wird.

Pietro Antonio ist jetzt, da er den Brief in Händen hält, 31 Jahre alt. Schon früh war klar, dass er der Familientradition folgen würde. Seine Vorväter waren Skulpteure und Architekten, wie viele aus Carona. Das Dorf über dem Luganersee hatte stets zu Mailand gehalten, und die Treue zahlte sich aus. Der Grossvater hatte den Visconti-Herzögen gedient und in Carona einigen Grundbesitz erworben, sodass die Solari früh zu den ersten Familien gehörten.

Verwittert: Diese Skulptur am Facettenpalast stellt wahrscheinlich Pietro Antonio Solari dar.

Als Jugendlicher hatte sich Pietro in der väterlichen Werkstatt die Sporen abverdient, Steinblöcke behauen, Skulpturen geformt, Pläne gezeichnet. Er kam rasch voran: Mit 26 empfahl ihn der Herzog als Unterbaumeister am Bauplatz des Doms. Bald vertrat er den Vater. Pietro weiss, wer er ist und welch guten Klang sein Name hat.

Nun, da der Vater mit 52 Jahren gestorben ist, überträgt ihm der Duca Sforza in dem Brief die Nachfolge. In blumigem Latein schreibt er: «Dass der ganzen Familie der Solari ein geradezu erbliches und in der Reihe der Vorfahren weitergegebenes Talent für die Baukunst eigen ist, erkennt man daran, dass es in ihr noch heute viele Baumeister gibt, bei denen nicht allein die Väter, sondern auch die Grossväter und Urgrossväter und Vorfahren über viele Stufen im Bauwesen gewirkt haben.» Den nächsten Satz lässt sich Pietro auf der Zunge zergehen: «Und in Anbetracht dessen, dass Pietro seinem Vater an Rang und Namen nicht nachsteht, ernennen wir ihn zum ersten Architekten beim Ospedale Maggiore und bei den übrigen Bauvorhaben, die schon Guiniforte betreut hat.» Gemeint sind die vier Kirchen in Mailand und besonders die Certosa di Pavia, jene herrliche Klosteranlage im Süden Mailands.

Ein Empfehlungsschreiben des Sforza-Herzogs geht am nächsten Tag an den Prior des Klosters. «Es ist neulich Meister Guiniforte da Solaro gestorben, von dessen Meisterschaft und Tüchtigkeit wir Euch gegenüber keine Worte verlieren müssen. (...) Nun hat er uns seinen Sohn Pietro Antonio hinterlassen, hoch erfahren in derselben Kunst und göttlich begabt», schreibt der Herzog und bittet, «Pietro Antonio an der Statt des Vaters anzustellen».

Der Kreml
Tessiner Baukunst für das Wahrzeichen Russlands

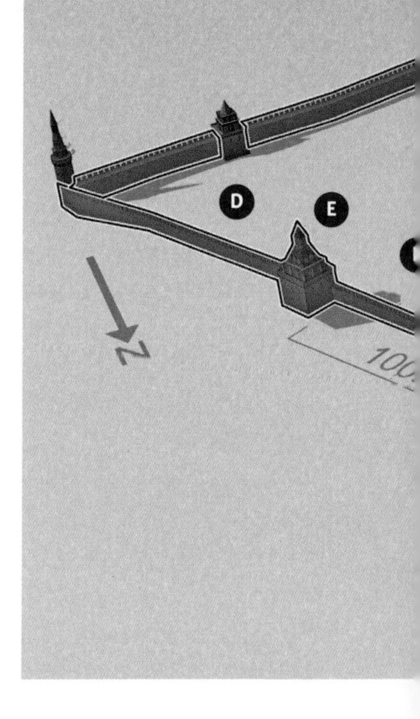

Iwan III. (1440–1505) liess den alten Moskauer Kreml abreissen und zwischen 1485 und 1499 eine prächtige Festung im italienischen Renaissance-Stil bauen. Vom Tessiner Pietro Antonio Solari (1450–1493) stammen die meisten Mauern aus roten Ziegeln und sieben der 20 Türme, auch der berühmte Spasskaya-Turm am Roten Platz.

Iwan der Grosse ruft ihn nach Moskau

Der junge Solari ist jetzt einer der gefragtesten Architekten Mailands. Und er macht auch bald als Bildhauer von sich reden, mit der Grabplatte für Bischof Marco de Capitani in Alessandria und mit der «Madonna del Cuazzone», einer betenden Jungfrau im Mailänder Dom mit geflochtenem Haar. Er könnte zufrieden sein. Aber etwas nagt an ihm: Er ist zwar der erste Architekt der herzoglichen Bauten, aber zum Oberbaumeister des Doms wurde Giovanni Amadeo ernannt, sein drei Jahre älterer Schwager, den ebenfalls sein Vater ausgebildet hatte.

Fühlt sich Solari übergangen? Wurmt es ihn, dass er nicht ganz auf die Höhe des Vaters kommt? Will er endlich etwas Eigenes erschaffen? Jedenfalls überlegt er nicht lange, als spät im Jahr 1489 ein russischer Gesandter an ihn herantritt.

Dieser stellt sich vor als Demetrio Ralew, unterwegs im Auftrag von Iwan III., Grossfürst von Moskau. Ralew erklärt, Iwan habe die Mongolen verdrängt und sein Gebiet vervierfacht. Er sei jetzt «Iwan der Grosse». Und nicht nur das: Nachdem 1453 Byzanz, das «zweite Rom», in die Hände der Osmanen gefallen sei, sei nun Iwan zum Hüter der Orthodoxie ausersehen. Daher habe er 1472 Prinzessin Sofia geheiratet, die Nichte des letzten oströmischen Kaisers Konstantin. Er habe infolgedessen den Titel «Bewahrer des byzantinischen Throns» angenommen, also die Kaiserwürde, sowie den Titel «Zar aller Russen». Und weil Russland nun als Erbe von Byzanz den anderen Grossmächten ebenbürtig sei, habe er gesagt: «Ich, Zar, Herr aller russischen Lande, von Gott gegebener Herrscher, ich befehle, Moskau zum ‹dritten Rom› zu machen.»

Der Kreml, die alte Zitadelle der Stadt, werde deshalb neu gebaut, stärker, schöner und grösser, als Symbol von Iwans Macht, erklärt der Gesandte. Und so habe der Zar ihn geheissen, die besten lombardischen Architekten zu holen. Etwas verschämt deutet er an, die russischen Architekten seien nicht fähig, solche Grossbauwerke zu berechnen. Die Uspenskiy-Kathedrale im Kreml sei kurz vor der Vollendung eingestürzt. 1475 habe man deshalb den Architekten Aristotile Fioravanti aus Bologna geholt, vor vier Jahren sei Marco Ruffo dazugestossen, Festungsarchitekt aus Mailand. Und jetzt, so schmeichelt der Gesandte, brauche der Zar jemanden wie Pietro Antonio Solari, denn er verlange eine Burg «ähnlich jener in Mailand».

Pietro Antonio lässt sich zusichern, dass der Zar genug Autorität, Geld und Arbeiter für ein so gewaltiges Bauwerk hat. Dann sagt er kurz entschlossen zu, verabschiedet sich von der Mutter Giovannina da Cisate und stürzt sich ins Abenteuer. Anfang 1490 erreicht er mit Ralews Delegation Moskau.

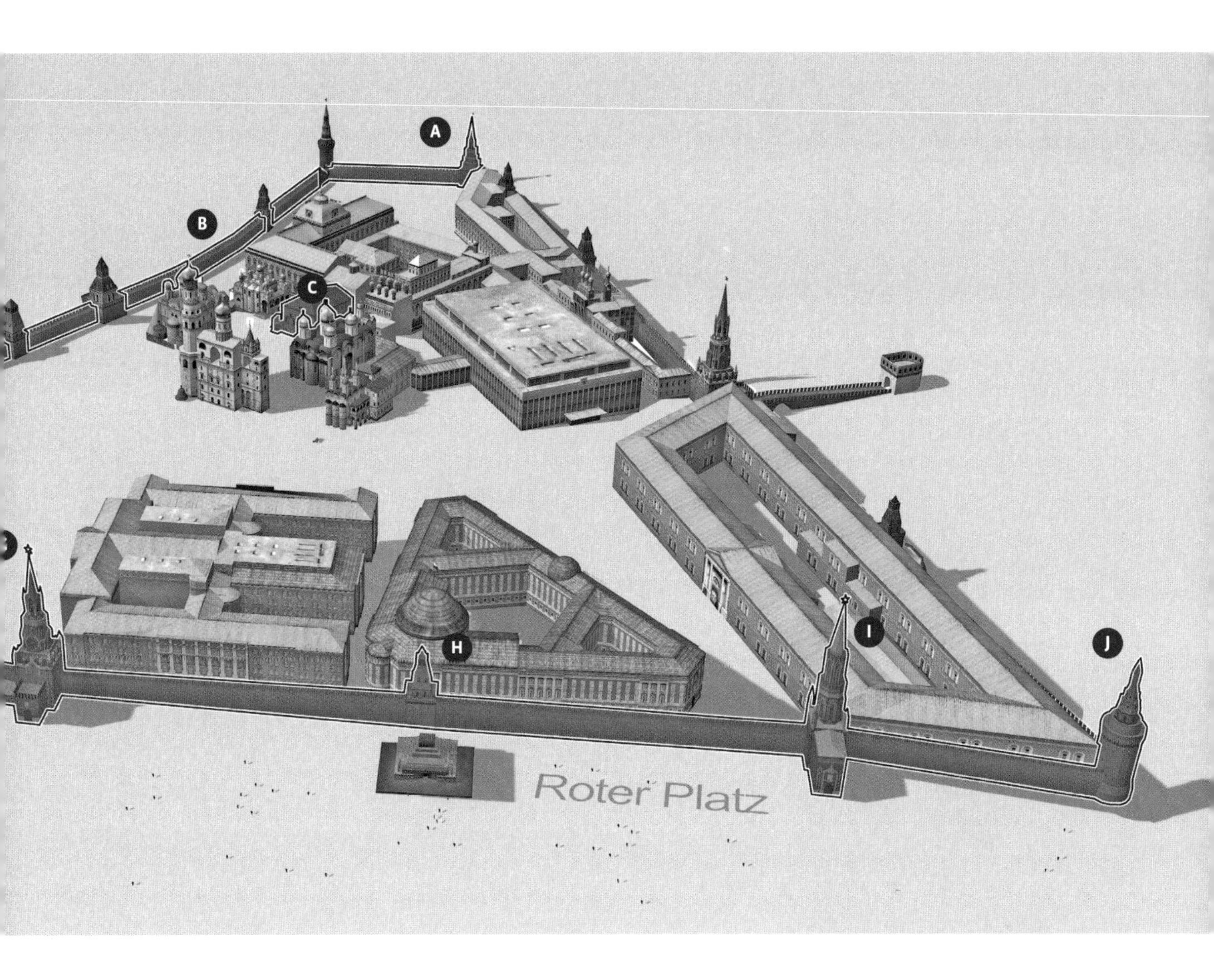

Diese Bauwerke stammen von Pietro Antonio Solari

- **A** Borowizki-Turm (1490)
- **B** Südliche Mauer (von Solari beendet)
- **C** Facettenpalast (1492, Fassade und Innenräume)
- **D** Östliche Mauer
- **E** Konstantin-Helenen-Turm (1490)
- **F** Sturmgeläut-Turm (1495, von Solari geplant)
- **G** Spasskaya-Turm (1491)
- **H** Senats-Turm (1491)
- **I** Nikolaus-Turm (1491)
- **J** Arsenal-Eckturm (1492)

Vergessen: Pietro Antonio Solari gestaltete die Alabasterschnitzereien der Hauptsäule im Facettenpalast.

Sofort macht er sich an die Arbeit, plant, rechnet, zeichnet wie besessen Türme und Mauern, dirigiert die vielen Baustellen mit Tausenden von Arbeitern. Er wird nun Pjetro Antonio «Frjazin» oder Pjotr «Frjazin» genannt – ein Übername für alle Ausländer aus Südeuropa. Solari weiss: Er baut jetzt sein Lebenswerk. Briefe in die Heimat zeichnet er stolz mit «architectus generalis moscovie». Und als «Hauptarchitekt Moskaus» verschafft er Russland in nur drei Jahren das Wahrzeichen als Grossmacht.

Solari passt den Sowjets nicht

Von den 20 Kreml-Türmen stammen sieben von ihm. Schon 1490 wurden der Borowizki- und der Konstantin-Helenen-Turm vollendet. Dann der Nikolaus-, der Senats- und der Spasskaya-Turm. 1492 kam der Arsenal-Eckturm dazu und 1495 der nach seinen Plänen gebaute Sturmgeläut-Turm. Von ihm stammt auch die Kreml-Mauer am Roten Platz, wo heute das Lenin-Mausoleum steht.

Ingenieurmethoden und Baustil lehnen sich klar an die lombardischen Festungsbauten an. Die Mauern sind bis 19 Meter hoch und bis 6,5 Meter dick, viele doppelwandig mit Etagen und Schiessscharten. Lombardisch sind auch die zweihörnigen Zinnen wie bei den Burgen von Bellinzona, die kurz zuvor vollendet wurden. Die Kreml-Türme aus rotem Backstein, in Schussweite voneinander gebaut und oft mehr als 30 Meter hoch, hatten oben Plattformen für die Kanonen; die dekorativen Spitzen kamen erst ab 1625 hinzu, als der Verteidigungszweck in den Hintergrund trat.

Das Prunkstück ist der 1492 vollendete Facettenpalast, das Throngebäude des Zaren. Solari gestaltete die weisse Kalksteinfassade mit Facettenschliff im Stil der italienischen Renaissance. Von ihm ist auch die Ausstattung des Granatsaals, wo die Zaren gekrönt, Bankette gefeiert und Staatsakte besiegelt wurden, insbesondere das Alabasterschnitzwerk der zentralen Säule. Der Facettenpalast ist der älteste nichtreligiöse Bau Moskaus und dient noch heute für Staatsempfänge.

Solaris Zeit in Moskau war produktiv, aber kurz. Er starb nach nur drei Jahren im Frühling 1493 mit 43 Jahren. Aus einem Brief des Duca von Mailand geht hervor, dass er unverheiratet und kinderlos verschied und sein Erbe an die Mutter gehe.

Die Kreml-Befestigung wurde 1499 ohne ihn vollendet. Aber die kurze Zeit reichte Solari, sich zu verewigen. Am Spasskaya-Turm über dem Haupttor liess er eine Tafel anbringen mit der lateinischen Inschrift: «Johannes Wassilijewitsch, von Gottes Gnaden Grossfürst in Wladimir, Moskau, Nowgorod, Twer, Pleskau, Vyatka, Ugra, Perm, Bulgarien und andernorts, und Herr in ganz Russland, entschied im 30. Jahr seiner

Herrschaft, auch diese Türme zu errichten. Pietro Antonio Solari aus Mailand liess diese Inschrift im Jahre 1491 nach Christi Geburt am 1. März setzen.»

Pietro Antonio Solari aus dem Tessin in einem Atemzug mit dem Zaren genannt – eine höhere Ehre lässt sich kaum denken. Trotzdem ist Solari fast vergessen, genauer: Er wurde bewusst kleingeredet. In den Annalen ist er meist als Pjotr Frjazin vermerkt, manchmal wird er als Milaneser Architekt erwähnt, nur enzyklopädische Artikel weisen heute auf den Schweizer Ursprung hin.

Im Grunde wurde Solari ein Opfer der Sowjetunion. Offenbar konnten die Sowjets nach 500 Jahren noch nicht zugeben, dass ein Fremder aus dem Westen ihr Symbol nationaler Grösse gebaut hatte. Weil nicht sein konnte, was nicht sein durfte, wurden Solari und seine Kollegen russifiziert, ihre Herkunft unterschlagen, ihr Beitrag relativiert oder ignoriert. Stattdessen betonte man den russischen Anteil. In Reiseführern hiess es etwa: «Die Kremlmauern und -türme wurden von russischen Steinmetzen errichtet.» In der «Geschichte der Architektur» von 1984 steht, der Kreml sei «unter Teilnahme italienischer Baumeister» erbaut worden; Solari taucht bloss als Randnotiz im Anhang auf, dort immerhin als Erbauer der wichtigsten Türme.

Verewigt: Pietro Antonio Solari setzte sich mit der Inschrift über dem Haupttor am Spasskaya-Turm selbst sein Denkmal (Name in der zweitletzten Zeile rechts).

1917 trifft ihn ein Granatsplitter

Die frechste propagandistische Manipulation findet sich 1979 in der Jubiläumsausgabe «Die Geschichte der Kunst des Städtebaus»: Die aus Italien eingeladenen Meister hätten zunächst sorgfältig die architektonischen Formen des Kirchenbaus der Stadt Vladimir studieren müssen. «Das ist der Grund, weshalb alle Gebäude, die unter Iwan III. erbaut wurden, gerechtigkeitshalber dem Genie russischer Architekten entstammen. Ihre Schöpfer, die in Moskau ihre zweite Heimat gefunden haben, sind Meister der russischen Kunst.»

Von Solari ist kein Bild erhalten. Es gibt aber ein 60 mal 60 Zentimeter kleines, verwittertes Reliefporträt, das am Facettenpalast in den Fries eingelassen war. Während der Oktoberrevolution 1917 schlug ein Granatsplitter ein und machte die Büste unkenntlich. Einige Fachleute glauben darin Moskaus Schutzheiligen St. Georg zu erkennen. Dagegen spricht, dass die Skulptur auf der abgewandten Nordseite hing. Auch der Zar sei es nicht, schrieb der sowjetische Kunsthistoriker G. Wagner, «da die Person ohne Mütze dargestellt wurde, die als feudales Attribut unerlässlich war». In der russischen Tradition gebe es keine solchen Darstellungen, wohl aber in der italienischen Renaissance. «Es kann sein», schrieb Wagner, «dass es richtiger wäre, in diesem Relief das Porträt des Meisters zu sehen.» Jenes Solari, dessen Name – ebenfalls einzigartig im Kreml – am Hauptturm verewigt wurde.

Solaris Spuren reichen bis in die Gegenwart: Die Solari-Sippe aus Carona hat etliche Architekten und Künstler hervorgebracht; auch der Präsident des Filmfestivals Locarno und von Ticino Turismo, Marco Solari, ist ein Nachfahre. Pietro Antonio Solari gehört zu den Urvätern der Tessiner Architekturschule, die über Francesco Borromini (1599–1667) und Domenico Trezzini (1670–1734) bis zu Luigi Snozzi und Mario Botta reicht. Seine Türme und Mauern haben 500 Jahre, Kriege und Revolutionen überdauert und sind 1990 zum Weltkulturerbe erklärt worden. Pietro Antonio Solari ist verblichen – sein Werk lebt fort.

Hermann Schreiber
Der Wind trägt ihn über die Alpen

1935 gelang ihm die erste Alpenquerung im Segelflugzeug. Dann trieb er sich als Buschpilot in der Welt herum. Hermann Schreiber, der Querkopf und Sonderling, starb einsam und unbekannt.

I Hermann Schreiber, 1909–2003.

Es ist der 7. September 1935. Hermann Schreiber startet um 11.33 Uhr in Thun und lässt sich im Schlepp zum Jungfraujoch hochziehen. Die Schweizer Segelflieger haben dort ihr erstes internationales Lager in den Hochalpen organisiert, um die Flugbedingungen zu erforschen. Das Gebirge ist segelfliegerisch noch unerschlossen, niemand kennt die Winde in Fels und Firn. Schreiber will seine Condor 137 am Joch landen und sich den Kameraden anschliessen. Der 25-Jährige ahnt nicht, dass dieser Tag sein Leben verändern wird.

Nach 45 Minuten am Haken des Motorfliegers ist Schreiber durch die Wolken und klinkt aus, kurz vor dem Joch auf 3650 Metern. «Optimist» heisst sein Flugzeug, und er hat den Ruf, ein begabter und eigenwilliger Pilot zu sein. «Ich fliege nun in die Düse zwischen Eiger und Mönch, ständig Höhe gewinnend. Ich kann das Flugzeug, gegen den Wind gerichtet, wie einen Drachen bockstill in der Luft halten», heisst es in seinem Bericht. Langsam schraubt er sich auf 4750 Meter. Zweieinhalb Stunden kreist er vor dem Jungfraumassiv. «Dann will mich der Flugleiter am Joch landen lassen. Aber der Gehilfe legt den Signalisationspfeil falsch, sodass er ins Wallis weist.» Statt bei seinen Kameraden auf dem Joch zu parkieren, bricht Schreiber aus. Fern am Matterhorn hat er eine Wolkenfahne gesichtet – günstiger Wind, das Zeichen zum Aufbruch.

Flug mit der Condor «Optimist» über die Rigi, Schreibers Geburtsort.

Er fliegt über die Jungfrau, durchs Lötschental ins Wallis. Gleitend erreicht er den Simplon, nur 500 Meter über Boden. «Sollte ich hier nicht Aufwind finden, müsste ich zur Landung Brig anfliegen», notiert er später. An einer besonnten Flanke findet er Thermik und klettert auf 3800 Meter. Über Domodossola muss er «herumkrebsen», nähert sich auf 20 Meter den Tannenspitzen, hält schon nach Notlandeplätzen Ausschau. Doch dann – ein Felskessel, den die Sonne «wie einen Backofen aufgeheizt hat». Er steigt erneut auf 2500 Meter, schafft es ins Centovalli und eilt «mit jedem Meter, der mir noch zur Verfügung steht», Bellinzona zu. Fünfmal kreist er über der Stadt, dann setzt er vor dem Hangar auf, empfangen von einer erstaunten Menge.

5 Stunden 47 Minuten war er in der Luft, legte segelnd 145 Kilometer zurück und schaffte, was noch keinem gelang: den ersten Segelflug über die Alpen.

Hitler steht stramm

Schreiber genoss den Ruhm. Mit vier Kollegen wurde er 1936 an die Olympischen Spiele nach Berlin eingeladen, jene riesige Propagandashow, bei der sich Nazideutschland als friedlich inszenierte. Segelflug war noch nicht olympisch, aber es gab «Kunstpreise» in anderen Kategorien. Als Gastgeber durften die Deutschen eine neue Disziplin vorschlagen, es war

der Segelflug. Im Vertrag von Versailles 1919 hatten die Siegermächte des Ersten Weltkriegs Deutschland verboten, eine Luftwaffe aufzubauen. Deshalb trainierten die deutschen Piloten jahrelang auf Segelfliegern und glaubten, sie hätten die Medaille auf sicher. Doch es kam anders.

Das Olympische Komitee verlieh Hermann Schreiber für seinen Alpenflug vom Vorjahr als Ehrenpreis die Goldmedaille «für besondere Leistung in der Aeronautik». «Es freut mich noch heute, wie Hitler strammstehen musste, als die Schweizer Hymne erklang», sagte er Jahrzehnte später mit spitzbübischem Lachen.

Für ihn war es nach der Auszeichnung Ehrensache, den Flug auch ohne Schleppstart zu schaffen. Am 6. August 1937 startete er bei Montreux vom Boden mit dem Gummiseil-Katapult und landete nach 130 Kilometern im Centovalli – die erste vollständig gesegelte Alpenquerung.

Das Schweizer Luftamt ernannte ihn danach zum «Oberexperten für Segelflug», er machte Karriere als Militärpilot und Instruktor, arbeitete als Flugunfallexperte für Versicherungen, heiratete, gründete eine Familie. Doch das geordnete, bürgerliche Leben war nur Fassade.

Bestaunt und bejubelt: Hermann Schreiber [Mitte] **in Bellinzona am 7. September 1935 nach der geglückten Alpenquerung.**

[rechts] **Olympische Ehre: Für seinen Alpenflug erhielt Hermann Schreiber** [rechts] **1936 an den Olympischen Spielen in Berlin die Goldmedaille.**

[links] **Die olympische Ehrenurkunde «für besondere Leistung in der Aeronautik».**

Ich traf Hermann Schreiber 1998. Es war eine der seltsamsten Begegnungen in meinem bisherigen Berufsleben. Anders als erwartet, öffnete die Tür nicht ein gesetzter, solider Ex-Berufspilot, sondern das genaue Gegenteil. Der 89-Jährige biwakierte in einem Gewerbegeviert bei Wädenswil zwischen Bahngleis und See. Drei Viertel des Raums nahm eine Werkstatt ein, dazu kam ein Kabuff mit einer Schlafkoje und dem Nötigsten in einer Offizierskiste. Alles war provisorisch, als wolle er jederzeit auf Weltreise gehen.

In seinem Verschlag war eine Lebenshaltung räumlich geworden: Schreiber war ein Eigenbrötler, der nirgends sesshaft wurde. Campierte er nicht in Wädenswil, reiste er auf einsame Inseln: Bonaire, Numea, Tahiti, Sansibar, La Réunion, oder er bezog sein «Nest auf der Rigi». Dort hatte sein Grossvater einst die Rigibahn durchgeboxt und das Hotel Rigi Kulm gebaut, und dort wurde er geboren, am 11. November 1909. «Ich wollte immer fliegen und wusste, dass ich dazu etwas von Technik verstehen muss», sagte er. Er lernte Maschinentechniker und wurde später Staffelkommandant bei den Fliegertruppen. Die ersten Düsenjäger fand er faszinierend, doch «Roboterpilot» in Helm und Druckanzug, kontrolliert auf fixen Bahnen, das wollte er nicht sein. Die Militärlaufbahn brach er nach 4000 Diensttagen ab.

Buschpilot und Abenteurer

Danach suchte er das Abenteuer. Fürs Rote Kreuz flog er 1961 Hilfsgüter zu den tibetischen Flüchtlingen ins Hochland von Nepal, richtete mit Mount-Everest-Erstbesteiger Edmund Hillary die Landepiste Mingbo auf 4550 Metern Höhe ein und suchte später mit Uno-Experten Orte für Stauwehre. Das Leben als «Buschpilot» kostete er aus: Himalaja, Südafrika, ins Kriegsgebiet von Korea und Biafra. «Buschpilot» – das Wort war für ihn magisch und fasste offenbar seinen Lebensentwurf zusammen: abenteuerlich, asketisch, ungebunden, individualistisch. Tatsächlich scheint nur ein

Schweizer Kreuz im Himalaja: Schreiber schuf mit Everest-Bezwinger Edmund Hillary 1961 die Mingbo-Landebahn auf 4550 Metern Höhe.

[rechts] Früh in der Luft: Schreibers Segelflug-Brevet von 1931.

einziger Faden die zerrissene Biografie zusammenzuhalten: der kompromisslose Drang zu fliegen und nur sich selbst verantwortlich zu sein.

Was sein rastloses Leben heranwirbelte, packte er in Schachteln oder pinnte es in seiner Absteige an die Wand. Ein Sammelsurium von Erinnerungen, geordnet nach ihrer Intensität: ein Foto seiner «Optimist», eine Urkunde von 1959, als er die Datumsgrenze querte, eine von 1952, als er in einer «Constellation» den Äquator kreuzte, exotische Muscheln, ein Blechstück von einer Bruchlandung. Als Schreiber 1974 altershalber das Fliegen aufgeben musste, war er 5000 Stunden in allen Himmeln gewesen – eine Besessenheit, die Opfer forderte.

Schreiber war zeitlebens ein Querkopf, als müsste er ständig das Pioniertum von einst bekräftigen. So erfand er ein seltsames, dreirädriges Gefährt, mit Pedalen und Hebeln, das sich wie ein Flugzeug in die Kurve legte. Es war für Steuertrainings am Boden oder als Freizeitspass gedacht. Seine eigenen drei Kinder und jene der Nachbarschaft nutzten es gern an den Mittwochnachmittagen – aber er blieb der Einzige, der mehr als eine Kinderei darin sah. Zudem tüftelte er an Auslegerbooten herum und paddelte noch als 89-Jähriger auf den Zürichsee hinaus, um die Modelle zu testen. Schreiber war nicht nur ein Eigenbrötler und Sonderling, er war auch ein spleeniges Original mit Hang zur Selbstüberschätzung.

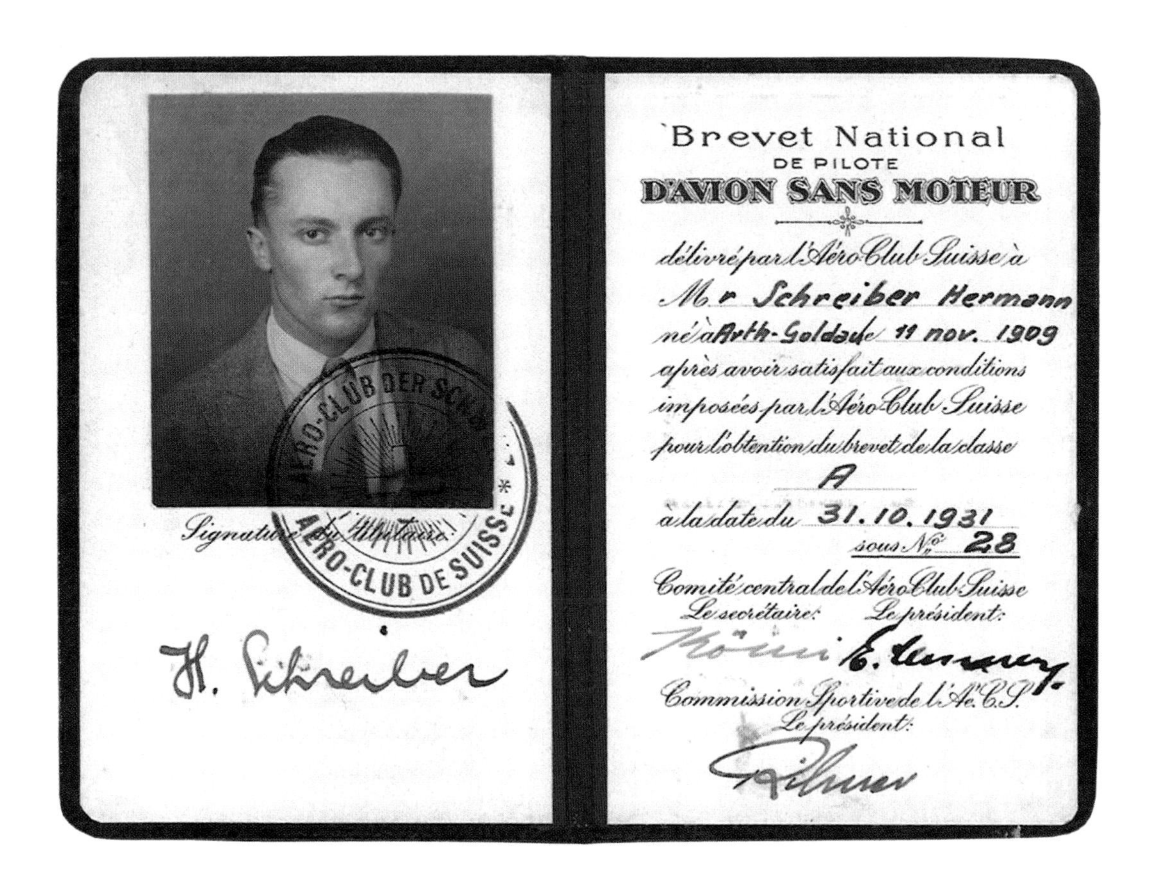
Signature du titulaire
AERO-CLUB DER SCHWEIZ
AERO-CLUB DE SUISSE
H. Schreiber

Brevet National
DE PILOTE
D'AVION SANS MOTEUR
délivré par l'Aéro Club Suisse à
Mr Schreiber Hermann
né à Arth-Goldau le 11 nov. 1909
après avoir satisfait aux conditions
imposées par l'Aéro Club Suisse
pour l'obtention du brevet de la classe
A
à la date du 31.10.1931
sous No 28
Comité central de l'Aéro Club Suisse
Le secrétaire: Le président:
Commission Sportive de l'Ae.C.S.
Le président:

«Er war selbstverliebt und egozentrisch»
Seine Familie litt darunter. 1956 hatte er mit 47 Jahren in dritter Ehe eine wesentlich jüngere Frau geheiratet. Von 1957 bis 1962 kamen zwei Söhne und eine Tochter zur Welt. «Als Vater war er nicht vorhanden», erinnert sich die heute 49-jährige Tochter Sabine Schreiber. In den 1960er-Jahren war er ständig unterwegs, und als er nicht mehr fliegen durfte, bastelte er an seinen Erfindungen. Im Häuschen der Familie beanspruchte er den grössten Raum für sich.

«Als Zehnjährige habe ich gemerkt, dass unser Leben nicht normal war», erinnert sich Sabine. Ab 1967 brachte er kein Einkommen mehr nach Hause. «Er lebte wie in einem Hotel, gratis und ohne Verpflichtungen», berichtet der heute 51-jährige Sohn Peter Schreiber. 1976 kam es zum Bruch. «Als meine Mutter mit uns Kindern auszog, zerbrach der äussere Rahmen der bürgerlichen Existenz. Aber es war eigentlich nie ein Familienleben nach üblichen Massstäben gewesen», erinnert sich die Tochter. Der älteste Bruder Martin zog sich mit 17 aus der Familie zurück, Peter hielt losen Kontakt. «Mein Vater war nicht fähig, sich auf andere wirklich einzulassen. Er war selbstverliebt, egozentrisch und hatte etwas Grössenwahnsinniges», sagt Sabine. Ob dies die Folge des frühen Ruhms als Flieger war oder gerade die Voraussetzung für die Pioniertat, sei ihr nie klar geworden. Wahrscheinlich sei Narzissmus und Selbstherrlichkeit Teil seiner Persönlichkeit gewesen. Er habe auch Angst gehabt, sich zu binden, weil er den Verlust fürchtete. Erst Ende der achtziger Jahre näherten sich

4000 Diensttage: Schreiber wurde 1933 Militärflieger und später Staffelkommandant.

Vater und Tochter Sabine wieder an. Auch Peter traf ihn zu dieser Zeit einmal im Monat und fand teilweise einen persönlichen Bezug zu ihm.

Im Alter führte Hermann Schreiber ein Tagebuch, in dem er versuchte, seinem Driften im Nachhinein eine Richtung zu geben. «Der Mensch kommt auf die Erde wie der Regentropfen aus den Wolken. Er bildet Koalitionen bis ins Meer und verdunstet zurück in den Himmel», notierte er. Er starb am 12. April 2003 mit 93 Jahren auf Rigi Scheidegg. Sabine und Peter und einige Menschen, die Schreiber gemocht hatten, streuten seine Asche an der Rigi in den Wind.

Hermann Schreiber hat sich stets jeder Ordnung und Bindung entzogen. So wurde er auch als Pionier vergessen, obwohl er mit der Alpenquerung die Grenzen der Segelfliegerei erweitert und mit seinem fliegerischen Können bei Hilfseinsätzen Ausserordentliches geleistet hatte. Im Grunde lebte er ein Leben lang wie in jenen Stunden im Cockpit über den Alpen: auf sich gestellt, schwebend, frei und einsam.

Madame Tussaud
Geschäfte mit Köpfchen

Die Französische Revolution war für sie vor allem eins – ein gutes Geschäft. Marie Grosholtz, Kind einer Berner Köchin, formte die abgeschlagenen Köpfe in Wachs und wurde als Madame Tussaud reich und berühmt.

I Marie Grosholtz, (1760) 1761–1850.

Es ist der blanke Horror. Marie Grosholtz schwinden fast die Sinne, als ihr die Mörder mit blutigen Händen den Kopf der jungen Prinzessin übergeben und befehlen, sie solle davon eine Totenmaske anfertigen. Es ist der 3. September 1792. Preussisch-österreichische Truppen rücken auf Paris vor, und die Revolutionäre fürchten Rache. In blinder Panik stürmt der Pöbel die Gefängnisse und massakriert alle, die den Eid auf die republikanische Verfassung verweigern – zu Hunderten liegen die Leichen in den Strassen. Prinzessin Marie Louise de Lamballe verweigert den Schwur und wird dem Pöbel übergeben. Im Blutrausch misshandelt der aufgepeitschte Mob die Prinzessin, er tötet und zerstückelt sie.

Die Mörder stellen den Kopf auf einem Schanktisch zur Schau und tragen ihn dann auf einem Spiess zum Palais Royal. Jetzt umringen sie die Wachsbildnerin Marie und ergötzen sich daran, wie sie zitternd den Abguss vom geschundenen Antlitz nimmt. Es ist der erste Kopf der Revolution, den man ihr bringt – es sollten noch viele weitere folgen.

Der Umbruch war für Marie Grosholtz ebenso traumatisch wie lukrativ. Nie hätte die damals 32-Jährige gedacht, dass sie daraus als Madame Tussaud hervorgehen würde, deren Wachsfigurenkabinett weltberühmt werden sollte. Im Ancien Régime modellierte sie gekrönte Häupter, dann die abgeschlagenen der Revolution. Vor allem aber formte sie ihre eigene Legende.

Zur Welt kam Grosholtz 1760 in Bern – so schrieb sie jedenfalls in ihren Memoiren. Eher war es Strassburg, denn dort wurde sie am 7. Dezember 1761 getauft. Vater und Mutter waren laut Taufschein in der Kirche Saint-Pierre-le-Vieux nicht zugegen, bloss die Hebamme und Kirchendiener. Ihre Mutter hiess Anna Maria Walder und war Dienstmädchen in Strassburg, als sie mit 17 Jahren schwanger wurde. Der Vater ist ein Phantom. In ihren Memoiren stellt Tussaud ihn vor als den 1716 geborenen Joseph Grosholtz aus einer angesehenen Frankfurter Familie, der im Siebenjährigen Krieg als Adjutant eines elsässischen Generals gedient habe. Schwer verwundet, sei er zwei Monate vor der Geburt gestorben.

Alles formbar: Marie Grosholtz modellierte auch ihre eigene Biografie, um besser zu wirken.

Man wundert sich, dass der 45-jährige Offizier eine arme Magd ehelichte und in keinem Armeeregister auftaucht. Aber man muss sich nicht wundern, wenn Tussaud auch hier flunkerte. Ihre Mutter entstamme ebenfalls einer respektablen Schweizer Familie, behauptete sie, was so gar nicht zum Dienstmädchen und der Armentaufe passt. Beim Vater könnte soziales Make-up erst recht nötig gewesen sein: In Strassburg existierte tatsächlich ein Joseph Grosholtz, aber der war der Sohn des Scharfrichters. Die Dynastie stellte seit 100 Jahren die Henker der Region und hatte im 15. Jahrhundert im Zürcher Scharfrichter Cunrat Grosholz den Stammvater.

Weltgeschichte in Wachs: Madame Tussaud im Londoner Wachsfigurenkabinett, wie sie 1793 eine Totenmaske anfertigt.

Oder war der pünktlich verblichene Grosholtz etwa erfunden, um die Schwangerschaft zu legalisieren? Gleich nach der Geburt übernimmt nämlich ein anderer die Rolle des Vaters und Gatten. Der 24-jährige Philippe Curtius, ein Adliger aus Stockach am Bodensee, holt die Mutter und die Halbwaise nach Bern, wo er als Arzt und Anatom praktiziert. Die Mutter ist offiziell seine Haushälterin und Köchin. Marie nennt ihn Onkel. Ist er der leibliche Vater? Curtius bleibt jedenfalls zeitlebens bei der Frau, umsorgt die Tochter, macht sie zur Geschäftspartnerin und schliesslich zur Alleinerbin.

Organe und Erotika

Marie wächst behütet in Bern auf. Patrizier-Clans regieren die Stadt. Man kopiert die Moden des französischen Hofs. Curtius tut sich als Wachsbildner hervor. Zum Studium formt er Organe, dann Venus-Modelle mit offenen Leibern im Graubereich von Anatomie und Pornographie, schliesslich erotische Miniaturen. 1765 besucht ihn Louis François de Bourbon, Prinz von Conti und Cousin von König Louis XV. Der Edelmann begeistert sich für die pikante Sammlung und lädt Curtius nach Paris ein.

Curtius lässt Köchin und Pflegekind zurück und bezieht eine Wohnung an der Rue Saint-Honoré. Im dekadenten Paris des Ancien Régime kommt er gerade recht. Seine Erotika sind der letzte Schrei und bevölkern die Boudoirs, seine Wachsbüsten treffen die Schaulust des Publikums. Nach zwei Jahren ist Curtius so dick im Geschäft, dass er seine Familie nachreisen lässt.

Marie erweist sich als talentiert. Curtius lehrt sie zeichnen und modellieren, bald koloriert sie im väterlichen Kabinett Figuren. Mit 17 fertigt Marie eigene Büsten von Rousseau und Voltaire und zeigt einen sicheren Instinkt fürs Marketing. Der «Salon de Cire» bringt, was gerade hip ist: des Königs Kurtisane, Mordszenen, Louis XVI. und Marie Antoinette beim Frühstück. Wechselt die Prominenz, sind die Köpfe rasch ausgetauscht. Das Konzept trifft den Nerv der Zeit – eine Peepshow zum Gaudi des Volkes, eine Frühform des Star-Infotainments. Um die Authentizität zu steigern, behauptet Marie gar, sie habe in Versailles gelebt und ihrer Freundin Prinzessin Elisabeth das Wachsformen beigebracht.

Nur knapp dem Schafott entgangen

Das ist unwahrscheinlich, aber Illusion und Camouflage sind ihr Geschäft – und ihre Überlebensstrategie. Als die Revolution ausbricht, ist Nähe zur Macht rasch gefährlich. Curtius nimmt am Bastille-Sturm teil. Die Führer der Republik verkehren bei ihm. Als dann die adeligen Köpfe in die Körbe plumpsen, ist Marie nie weit. Ihre Kunst ist gefragt, denn Wachsköpfe können länger als echte auf Spiessen durch die Strassen getragen werden. Madame Tussaud betonte später, sie habe auf Geheiss der Nationalversammlung gehandelt, um das Revolutionsmuseum zu bestücken. Aber das Gerücht blieb, sie habe auch Henker bestochen, um die Sammlung à jour zu halten. Alles ist da: der 1793 in der Badewanne ermordete Marat, die Totenmasken der hingerichteten Revolutionäre Danton und Robespierre.

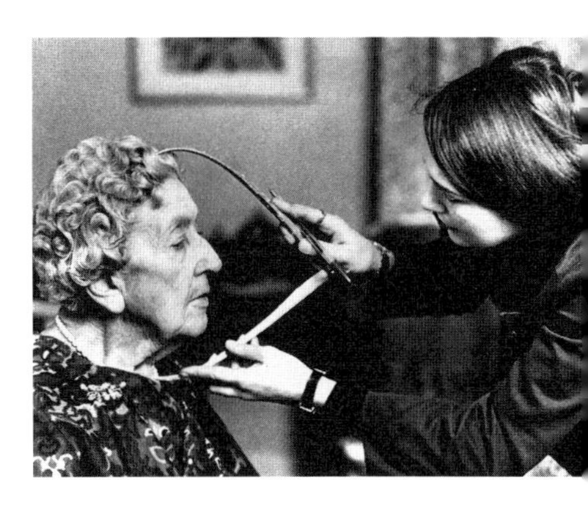

[oben] **Prominente der Neuzeit: Haile Selassie und Benito Mussolini erhalten 1935 ihr wächsernes Ebenbild.**

[Mitte] **Für den Jockey Pete Murray werden 1964 passende Augäpfel gesucht.**

[unten] **Eine Mitarbeiterin vermisst 1973 den Kopf von Agatha Christie.**

Einmal in diesen unübersichtlichen Zeiten entgeht sie selbst nur knapp dem Schafott. Man habe sie als Royalistin denunziert, behauptet sie später und dichtet gleich eine Mitgefangene dazu, Joséphine de Beauharnais, Napoleons künftige Gattin. Curtius stirbt 1794 und hinterlässt ein Kabinett mit dem gesamten Personal des Umbruchs, Maries Betriebskapital.

Tingeltangel und Weltruhm

34-jährig heiratet sie den 26-jährigen François Tussaud, der in ihrer Werkstatt arbeitet. Mit den Koalitionskriegen bricht das Geschäft ein, sodass sie über die Bücher muss. Nach der Geburt von zwei Söhnen trennt

sie sich vom trunksüchtigen Gatten und reist 1802 nach England. Wegen der Kontinentalsperre gibt es kein Zurück. So tingelt die alleinerziehende Mutter 33 Jahre mit ihrem Kabinett durch England, Schottland und Irland.

1835 eröffnet sie in der Londoner Baker Street ein Museum, bald berühmt für sein «Chamber of Horror». Als sie 1850 mit 89 Jahren stirbt, hinterlässt sie ihren Söhnen ein Vermögen. Das Unternehmen ist heute zum Unterhaltungskonzern gewachsen, mit Ablegern in Europa, Amerika und Asien. Madame Tussaud schuf mit 81 Jahren als Letztes ihre eigene Büste. So steht sie nun selbst in der Ruhmeshalle des Starkults, den Marie Grosholtz, das Mädchen vom Rande der Gosse, erfunden hat.

Selbstbegegnung: Die Beatles posieren 1964 vor ihren Abbildern.

Louis Agassiz
Der Schweizer Humboldt und sein Schatten

Louis Agassiz aus Môtier war der bedeutendste Naturforscher seiner Zeit. Er entwickelte die Theorie der Eiszeit und war ein Gegenspieler von Darwin. Doch die Lichtgestalt des 19. Jahrhunderts hat eine dunkle Seite: Agassiz war ein überzeugter Rassist.

I Louis Agassiz, 1807–1873.

Wer etwas gilt in der Forschung, ist nach Neuenburg gereist an diesem 24. Juli 1837. Louis Agassiz eröffnet die Jahrestagung der Schweizerischen Naturforschenden Gesellschaft. Und was er sagt, schlägt ein wie ein Blitz. Die Wissenschaftler erwarten einen Vortrag über fossile Fische, bei denen sich der 30-Jährige auskennt wie kein Zweiter. Aber Agassiz hat die Nacht durchgearbeitet und eine Rede zu einem ganz anderen Thema vorbereitet – er will sich damit an die Spitze der heftigsten aktuellen Kontroverse stellen. Er weiss genau, dass seine These die Forscherelite aufwühlen wird.

Er spreche zum Problem der Gletscher, Moränen und Findlinge, verkündet er der Versammlung und zeigt sich überzeugt, der Lösung nah zu sein. Sofort lädt sich die Atmosphäre im Saal auf. Seit 100 Jahren streiten Forscher über das Rätsel der riesigen Felsbrocken, die wie von Geisterhand aus den Alpen ins Mittelland und von Skandinavien in die norddeutsche Ebene transportiert wurden. Man vermutet, dass Flutkatastrophen die Blöcke auf Eisschollen anspülten oder vom Gebirge herunterwälzten.

Einzelne Forscher glauben allerdings schon länger, dass einst Gletscher die ganzen Alpen überzogen. Und eben haben der Walliser Kantonsingenieur und Glaziologe Ignaz Venetz und der Salinendirektor von Bex, Jean de Charpentier, Indizien dafür geliefert. An der Tagung referiert Agassiz ihre Befunde und verliest eine Abhandlung seines Studienfreunds Karl Friedrich Schimpers, «Über die Eiszeit».

Dann setzt er zu seinem grossen Wurf an: Dramatisch schildert er, wie sich eine «Epoche klirrender Kälte über die Welt legte, die bis dahin mit üppiger Vegetation gesegnet und von grossen Tieren bevölkert gewesen war». Nicht nur die Alpen, sondern weite Teile Europas, Asiens und Nordamerikas seien vom Eispanzer bedeckt gewesen. «Der Tod hatte ein Leichentuch über die ganze Natur gebreitet, und als die Kälte ihren tiefsten Punkt erreicht hatte, gab sie der Masse des Eises die grösste Härte, die sie erreichen konnte.» Dann hätten sich die Alpen gehoben und den Panzer gesprengt, worauf Felstrümmer mit dem Eis talwärts glitten. Als das Eis schmolz, seien die erratischen Blöcke geblieben. Er wisse, ruft Agassiz, dass viele Geologen seine Ansicht ablehnten. Aber so ergehe es jeder neuen Erkenntnis. Tumult bricht aus, viele Forscher verlassen den Saal.

Ein Berg als Denkmal: Das 3953 Meter hohe Agassiz-Horn auf der Grenze zwischen den Kantonen Bern und Wallis.

Wissenschaftlicher Freibeuter

Louis Agassiz brachte nicht nur die Wissenschaft in Aufruhr, er stiess auch Freunde vor den Kopf. Besonders Karl Friedrich Schimper fühlte sich betrogen. Der Botaniker und Geologe hatte Vorträge über den «Weltwinter» gehalten und die Idee im Gedicht «Die Eiszeit» ausgeführt. Schimper sah sich als Urheber der Theorie und des Begriffs «Eiszeit». Ähnlich empfand es Jean de Charpentier. Er hatte Agassiz immer wieder eingeladen, im

Forschung in Firn und Eis: Agassiz richtet auf dem Aaregletscher einen Unterschlupf als Beobachtungsstation ein.

Wallis glaziale Phänomene zu studieren. Im Herbst 1836 besuchte Agassiz ihn und inspizierte zusammen mit Schimper die Eisströme. Agassiz betonte, seine Theorie kombiniere eigene Ideen mit denen Schimpers und sei insgesamt Auswuchs aus Charpentiers Lehre. Aber: «Ich war es, der die Frage einer Eiszeit stellte und sie durchsetzte.»

Beim Durchsetzen ist Louis Agassiz unzimperlich. Er weiss, dass Charpentier bald ein Werk über Gletscher vollendet. Aber ehrgeizig wie er ist, will er der Erste sein. 1840 publiziert er mit vorläufigen Befunden seinen «Essai sur les glaciers» – wenige Monate vor Charpentier. Das führt zum Bruch. Agassiz tritt nun als Vater der Eiszeit-Theorie seinen Triumphzug an. Er richtet auf dem Aaregletscher einen Unterschlupf ein, ersinnt einen Bohrer für Temperaturmessungen und treibt Pfähle ins Eis, um fünf Sommer lang das Fliesstempo zu messen. Immer mehr Belege untermauern seine Theorie, bis sie breit akzeptiert wird.

Humboldt als Förderer

Als Agassiz im Alter von 30 Jahren die Gletscher-Theorie lancierte, ist er bereits ein angesehener Forscher. Geboren wird er am 28. Mai 1807 im freiburgischen Môtier als Sohn eines protestantischen Pastors und einer Mutter aus einer Ärztefamilie. Er soll Arzt werden, aber sein Interesse gilt den Naturwissenschaften. Mit 17 geht er an die Universität Zürich, dann nach Heidelberg und 1827 nach München, einer Hochburg der romantischen Biologie und Naturphilosophie. In München lehrt der berühmte Carl Friedrich Philipp Martius, der mit Johann Baptist von Spix Brasilien bereist hat. Agassiz erhält die Chance, dessen mitgebrachte Fischsammlung auszuwerten. Er legt sich ins Zeug und veröffentlicht 1829 sein erstes Buch, promoviert in Erlangen zum Doktor der Philosophie und kurz darauf in München zum Doktor der Medizin. In dieser Zeit fasst er den Plan, ein grosser Naturforscher zu werden und wie Alexander von Humboldt die Welt zu bereisen.

Im Herbst 1831 reist Agassiz nach Paris, um die Naturmuseen zu besuchen. Sofort spricht er bei Georges Cuvier vor. Der grosse Wissenschaftler mag den Schweizer und übergibt ihm alles, was er zu fossilen Fischen gesammelt hat. Und endlich trifft Agassiz auch Alexander von Humboldt. Der Meister wird zu seinem Förderer und bringt den Preussischen König dazu, im damals preussischen Neuenburg für Agassiz einen Lehrstuhl für Naturgeschichte einzurichten. Jetzt kann Agassiz heiraten. Cecilie Braun, Schwester eines Münchner Studienfreunds, ist eine kunstsinnige Frau, die für ihn Fischtafeln zeichnet. Seine «Studien über Fischfossilien» mit 400 Bildtafeln legen die Basis für seinen weltweiten Ruhm. Er zieht eine Forschungsfabrik und eine Druckerei auf und beschäftigt zeitweise ein Dutzend Leute. Neben Arbeitswut und brennendem Ehrgeiz hat er ein Talent, Leute um sich zu scharen, die gratis für ihn arbeiten. So entstehen 20 Werke mit 2000 Tafeln, die er alle unter seinem Namen publiziert.

Akademischer Popstar

Agassiz' Ruhm wächst, aber seine Forschung verschlingt Unsummen, und die Druckerei schreibt Verluste. Verwandte müssen einspringen, um die Pleite abzuwenden. Nach zwölf Ehejahren hält es Cecilie nicht mehr aus mit dem dominanten Mann, der dauernd Mitarbeiter einquartiert und verköstigt. Sie zieht mit den Kindern nach Karlsruhe zu ihren Eltern. So steht der hoch angesehene und tief in Schulden steckende Gelehrte mit 38 Jahren an einem Wendepunkt.

Wieder hilft Humboldt. Er bringt den König von Preussen dazu, Geld für eine Reise nach Nordamerika lockerzumachen. 1846 trifft Agassiz in Boston ein, beginnt eine Vortragsreise durch die USA und wird über Nacht zum akademischen Popstar. Als ihm die Harvard University eine Professur anbietet, greift er zu. 1850 heiratet er die Schriftstellerin Elizabeth Cabot Cary und holt die drei Kinder aus der Ehe mit der inzwischen verstorbenen Cecilie nach Cambridge.

Darwins Hauptgegner

Der Mann aus dem Freiburgerland ist ein mitreissender Lehrer, viele Hochschulen reissen sich um ihn. Sein Credo «Lest die Natur und keine Bücher» wird zum Leitspruch einer Generation. Und seine religiös-romantische Sicht der Natur kommt an. Er predigt mit Verve: Die Tiere sind unveränderlich, mehrere Katastrophen löschten das Leben aus, und regional begrenzte Schöpfungsakte brachten neue Arten hervor.

Das macht ihn zum Hauptgegner von Charles Darwin und seiner Evolutionstheorie. 1859 schickt ihm Darwin sein «The Origin of Species». Agassiz liest das Werk mit wachsender Unruhe, denn dass Pflanzen, Tiere und auch der Mensch aus älteren Formen entstanden seien, widerspricht diametral seinen eigenen Ansichten. Aus seinen Funden kennt er zwar abgestufte Ähnlichkeiten, aber keine allmählichen Übergänge. Er lässt sich auf heftige Debatten ein und lehrt bald als Letzter der Grossen, Gott habe die Arten nacheinander, gesondert und unveränderlich geschaffen.

«Diese entartete Rasse»

Agassiz' zweiter Irrtum hängt eng mit diesem ersten zusammen. Lange glaubte er, alle Menschen hätten einen gemeinsamen Ursprung. In den USA wechselt er zur Theorie, sie seien an mehreren Orten unabhängig entstanden. Dies scheint ihm eher zur Idee konstanter Arten zu passen. Zum Sinneswandel trägt auch der Kontakt mit schwarzen Sklaven bei. In einem Brief an seine Mutter zeigt er sich tief befremdet, «weil das Gefühl, das sie mir gaben, allen unseren Vorstellungen der Bruderschaft der menschlichen Art und dem gemeinsamen Ursprung zuwiderläuft. Ich empfand Mitleid beim Anblick dieser verderbten und entarteten Rasse, und ihr Schicksal erweckte mein Mitgefühl bei dem Gedanken, dass sie wirklich Menschen sind.» Und voller Ekel: «Wenn ich ihre schwarzen Gesichter mit ihren dicken Lippen und grinsenden Zähnen sah, die Wolle auf ihrem Kopf, ihre krummen Knie und langen Hände, ihre lang gebogenen Fingernägel und besonders die fahle Farbe ihrer Handflächen, musste ich sie immer anblicken, um ihnen zu bedeuten, mir vom Leibe zu bleiben.»

Es war damals üblich, die Menschen in Rassen einzuteilen und die Weissen als Krone der Schöpfung zu sehen. Bei Agassiz kam aber hinzu, dass er die Minderwertigkeit der Schwarzen wissenschaftlich belegen wollte. Dazu liess er auf einer Plantage in South Carolina ein Dutzend Sklavinnen und Sklaven fotografieren. 1850 breitete er seinen wissenschaftlichen Rassismus im *Christian Examiner* aus: Die Tiere der drei Weltteile seien so verschieden, dass sie nicht an einem einzigen Punkt aus einer Urform entstanden sein könnten. Auch die Menschenrassen seien «nach dem ursprünglichen Schöpfungsplane schon anfänglich einer jeden Gegend zugeteilte Verschiedenheiten». Nach den üblichen Stereotypen legt er die Rangfolge fest: «Der unbezwingbare, mutige, stolze Indianer – in welch anderem Licht steht er neben dem unterwürfigen, kriecherischen, nachahmerischen Neger, oder neben dem listigen, verschlagenen und feigen Mongolen! Verweisen diese Tatsachen nicht darauf, dass die verschiedenen Rassen von Natur aus nicht auf demselben Niveau stehen?»

Louis Agassiz stellte sich im Bürgerkrieg auf die Seite der Nordstaaten und verurteilte die Sklaverei. Umso mehr forderte er aber die Rassentrennung. «Die Erzeugung von Mischlingen ist eine ebensolche Sünde wider die Natur wie der Inzest in einer zivilisierten Gemeinschaft eine Sünde wider die Reinheit des Charakters ist.» Als Berater von Präsident Lincoln in Rassenfragen empfahl er, den Schwarzen Gebiete zuzuweisen, wo sie unter sich blieben.

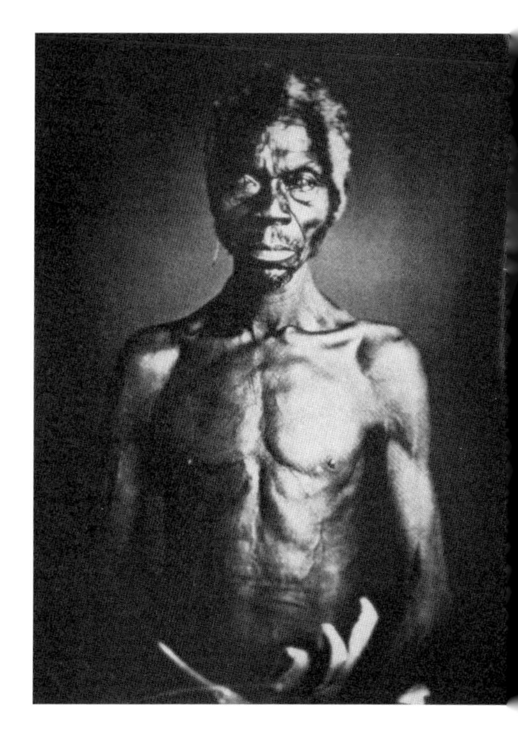

Wissenschaftlicher Rassismus: Der Sklave Renty aus Kongo, den Agassiz zum Beweis seiner Rassentheorie fotografieren liess.

Späte Schande

Im letzten Lebensjahrzehnt bricht für Agassiz eine Welt zusammen. Seine Rassenlehre bleibt zwar akzeptiert, und die Öffentlichkeit verehrt ihn. Aber Fachkollegen und Studenten sehen ihn wegen seiner Schöpfungslehre zunehmend als starrsinnigen Dogmatiker. Er unternimmt noch zwei grosse Reisen und richtet ein Institut für Meeresforschung ein. Dann stirbt er am 14. Dezember 1873. Er wird bei Harvard mit allen Ehren beigesetzt, unter einem Granitblock, den man vom Aaregletscher hergeholt hat.

225 Werke hat er in den USA publiziert und eine Generation von Naturforschern geprägt. Weltweit sind heute über 20 Berge, Seen, Gletscher, Täler, Orte und gar zwei Krater auf dem Mond und dem Mars nach ihm benannt. Er ging als «Schweizer Humboldt» in die Geschichte ein und wurde 2007 zum 200. Geburtstag mit grossen Ausstellungen geehrt. Doch dann holte ihn die Vergangenheit ein.

Agassiz' Rassismus war lange systematisch ausgeblendet worden. 1981 deckte das der Harvard-Professor Stephen Jay Gould in seinem Buch *Der falsch vermessene Mensch* auf. 2005 beschrieb der St. Galler Historiker Hans Fässler Agassiz' dunkle Seite in seinem Buch *Reise in Schwarz-Weiss*. Und 2007 widmete der Neuenburger Professor Marc-Antoine Kaeser dem Schandfleck ein Kapitel in der Biografie *Un savant séducteur*. Aber auch das führte noch nicht zur breiten Neubewertung der Person Louis Agassiz. Erst als Historiker Fässler eine Kampagne startete, nahm die Öffentlichkeit Notiz davon.

Fässler argumentierte, Agassiz sei Wegbereiter des wissenschaftlichen Rassismus und Vordenker der Apartheid gewesen. Ein Komitee verlangte als symbolische Demontage, dass das Agassiz-Horn umgetauft wird. Der 3953 Meter hohe Gipfel zwischen den Kantonen Bern und Wallis sollte künftig Renty-Horn heissen, nach einem Sklaven aus Kongo, den Agassiz fotografiert hatte. Es entbrannte eine Debatte, ob man ihm die Auszeichnung aberkennen soll, weil sich Teile seiner Ansichten als irrig herausstellten und heute als menschenverachtend beurteilt werden müssen. Oder ob man ihm die rassistischen Ideen als damaligen Stand des Irrtums nachsehen und ihn für seine übrigen Leistungen in Ehren halten darf.

Der Streit zog sich hin, bis 2010 die Standortgemeinden Grindelwald, Guttannen und Fieschertal einen Entscheid fällten. Aus heutiger Sicht seien viele von Agassiz' Ideen völlig unverständlich, und sein rassistisches Denken sei zu verurteilen. Jeder Mensch habe jedoch problematische Seiten. Es sei zu begrüssen, dass diese nun für ein umfassendes Bild ausgeleuchtet würden. Als grosser Geologe und Zoologe dürfe Agassiz aber durch einen Alpengipfel ausgezeichnet bleiben, das stehe der kritischen Auseinandersetzung nicht entgegen. Die drei Gemeinden lehnten es auch ab, wenigstens einen Nebengipfel nach dem Sklaven Renty zu taufen. Sie fanden, es sei generell ungut, Berge nach Menschen zu benennen, deren Bewertung sich noch ändern könnte.

So thront Louis Agassiz als Mensch und Berg nach wie vor am Himmel – erhaben und umstrahlt vom Glorienschein, zugleich kantig und schroff mit dunklen Schlagschatten im Antlitz.

Alfred Ilg
Ein Thurgauer rettet Abessinien

Alfred Ilg zog mit 24 nach Abessinien, führte das Land in die Moderne und bewahrte es davor, zur Kolonie zu werden. Kaiser Menilek II. ehrte ihn mit Titeln und Ämtern. Dann fiel er in Ungnade.

I Alfred Ilg, 1854–1916.

Der junge Mann staunt nicht schlecht. In einer Staubwolke preschen die Reiter heran, Hunderte Krieger in vollem Schmuck, die Garde von Menilek II. von Shoa. Acht Monate ist der 24-jährige Alfred Ilg gereist, um in Abessinien, dem heutigen Äthiopien, anzukommen. Im Mai 1878 verliess er Zürich, fuhr per Schiff nach Aden, wurde vier Monate in Zeila festgesetzt, ritt 45 Tage unter Lebensgefahr auf Kamelen durch Somali- und Danakili-Land und erreichte am 1. Januar 1879 abgekämpft Ankobar. Und nun empfängt ihn die königliche Kavallerie wie einen Staatsgast. Menilek ist hocherfreut, dass der Schweizer Ingenieur die Mühen auf sich nahm, denn mit seiner Hilfe will der Herrscher sein Reich erweitern und modernisieren.

Einige Sitten kommen Ilg schon seltsam vor, etwa dass Menilek sein Gepäck begutachtet und selbstverständlich an sich nimmt, was ihm gefällt. Auch der erste Auftrag ist sonderbar: Schuhe soll er schustern und ein Gewehr herstellen. Er besteht den Test und ahnt nicht, welche Aufgaben seiner noch harren.

Alfred Ilg war 1854 in Frauenfeld als uneheliches Kind in armen Verhältnissen zur Welt gekommen. Als der Stiefvater starb, begann er eine Mechanikerlehre. Begabt und ehrgeizig, bildete er sich an der ETH zum Maschineningenieur aus. Doch seine Zukunft sah er nicht in der Schweiz. «In einem fremden Land etwas Grosses zu leisten», war seine Idee. Da kam ihm das Angebot aus Abessinien zu Ohren.

Menilek, ein wichtiger Unterkönig, hatte erfahren, dass der Solothurner Werner Munzinger als Generalgouverneur im Sudan viele europäische Neuerungen eingeführt hatte. Nun suchte Menilek Techniker, vorzugsweise Schweizer, denn jenen aus den Kolonialmächten misstraute er. Das Handelshaus Furrer & Escher in Aden vermittelte, Ilg packte die Chance. «Ich kann es mir nur so vorstellen, dass er in eine Welt wollte, die man neu aufbauen musste», erzählte sein Enkel Felix Ilg später. Alfred Ilg hatte eine Mission. In vielen Briefen erklärte er, dass er Abessinien als einziges nicht kolonialisiertes Land Afrikas am Segen der Zivilisation teilhaben lassen wolle.

«Staatsrat im Rang einer Exzellenz»: Alfred Ilg wird mit Ehren und Orden überhäuft.

Vom Ingenieur zum Diplomaten

Rasch fassen Ilg und sein Herr Vertrauen. Menilek schätzt den «weisen Rat des Schweizers». Ilg lernt ihn als «äusserst einnehmenden Mann» kennen, den «ich bald wie einen Vater liebte». «Ich erhalte soviel Beweise seiner Zuneigung, dass ich wohl länger als die geplanten zwei Jahre hier verbleiben werde.» Es sollten 28 Jahre werden und eine Zeit, in der das ungleiche Gespann das Geschick des Landes prägte.

Anschluss an den Welthandel: eine Lok der SLM Winterthur mit Waggons auf dem Hol-Hol-Viadukt, den Ilg projektiert hat.

Ilg lernt schnell Amharisch und erhält von Menilek nach der Sitte eine Abessinierin zur Frau, die vier Kinder zur Welt bringt. Als technischer Berater wird er für alle erdenklichen Probleme beigezogen. Respekt verdient er sich, als er 1886 mit 1200 Mann eine Brücke über den Fluss Awash baut. Ilg plant die neue Hauptstadt Addis Abeba, baut Häuser, Strassen und die erste Wasserleitung. Er wächst auch in die Rolle des politischen Beraters hinein, wird auf diplomatische Missionen nach Europa geschickt, und immer wieder gelingt es ihm, Gewehre und Kanonen zu beschaffen. Sein grösster Coup: Er schmuggelt eine Maschine zur Munitionsfabrikation ein, womit sich der König der Kontrolle der Kolonialmächte entzieht. So gerüstet, dehnt Menilek seine Machtbasis systematisch aus, unterwirft Stämme im Süden und im Osten und verdoppelt sein Gebiet. Als der äthiopische Kaiser Johannes IV. stirbt, setzt sich Menilek 1889 als «König der Könige» durch.

Kampfbereit, wenn die Italiener angreifen

Mit Italien, das nach Abessinien schielt, schliesst Menilek in Utschalli einen Freundschaftsvertrag, durch den er als Kaiser anerkannt wird. Ilg stellt jedoch Abweichungen in den Übersetzungen fest, die Abessinien zu einem Protektorat machen würden. Er warnt seinen Kaiser und wird beauftragt, den Betrug in Europa publik zu machen und die Haltung der anderen Kolonialmächte zu sondieren. Bald meldet Ilg, Italien sei daran, «eine grosse Expedition zu unternehmen, um Ihre Majestät zu zwingen, das Protektorat anzuerkennen». Er rät dringend zur Mobilmachung, der Krieg sei unabwendbar. Am 1. März 1896 treffen bei Adua 20 000 italienische Soldaten und rund 100 000 Abessinier aufeinander. Dank der guten Bewaffnung siegt Menilek.

Dies erhöht sein Prestige, wird als Fanal gegen den Kolonialismus gesehen und sichert Abessinien die Unabhängigkeit. Kaiser Menilek ehrt Ilg danach mit dem höchsten Ehrentitel «Bitwäddäd» für engste Vertraute, verleiht ihm den «Stern von Abessinien», macht ihn zum «Staatsrat im Rang einer Exzellenz» und zum Aussenminister.

Kaiser Menilek II.: Der «König der Könige» nach dem Sieg über die Italiener 1896.

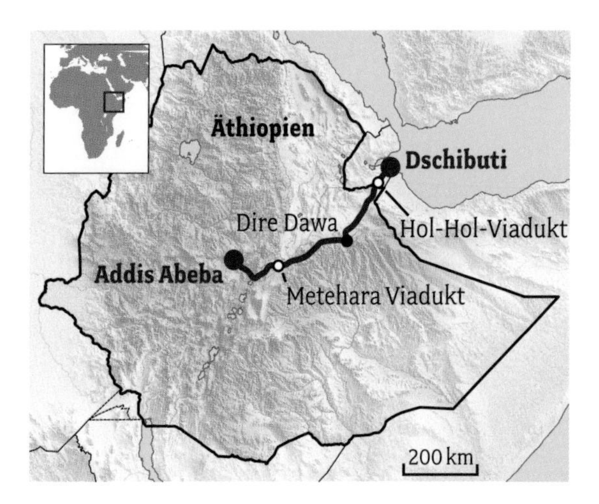

Alfred Ilgs Eisenbahn durch die Wüste: Vom französischen Protektorat Dschibuti über 784 Kilometer ins Hochland Äthiopien nach Addis Abeba.

Dampfross statt Wüstenschiff

Ilgs grösstes Werk ist die Eisenbahn. Lang hat er Menilek bedrängt, sein Reich dem Welthandel anzuschliessen. Ilg plant eine 784 Kilometer lange Strecke von Dschibuti am Meer quer durch die Wüste nach Addis Abeba auf 2200 Meter hinauf. 1894 erhält er die Konzession und findet Investoren in Frankreich. 1897 beginnt der Bau, die Hitze ist mörderisch, den Termiten halten nur Telegrafenmasten aus Eisen stand, zur Wasserversorgung müssen Aquädukte gebaut werden. 1902 sind 300 Kilometer fertig, und die ersten Loks aus Winterthur dampfen über den Hol-Hol-Viadukt.

Als 1906 Dire Dawa erreicht ist, geht das Geld aus. Frankreich will den weiteren Bau finanzieren. Doch Ilg fürchtet koloniale Gelüste. Während er in Paris verhandelt, beginnen am Hof Menileks Rivalen zu intrigieren. Der Kaiser ist schwer krank, sein Machtgefüge bröckelt, Hofadel sowie Kolonialmächte wollen das Vakuum ausnutzen. Ilg gerät ins Kreuzfeuer. Er wolle Äthiopien ausliefern, sagen seine Gegner, während sie mit Italien und Deutschland anbandeln. Er wird zur Zielscheibe, der Kaiser wird manipuliert und ist zu schwach, ihn zu decken.

Ilg reist mit seiner zweiten Frau, der Schweizerin Fanny Gattiker, und den vier Kindern aus dieser Ehe nach Zürich. Ein Jahr später demissioniert er. «Ich bin in Ihre Missgunst gefallen, ohne dass ich je etwas Schlechtes begangen habe. Vergessen Sie nicht Ihren Diener, der an Ihrer Seite Grosses bewerkstelligte», schreibt er verbittert an Menilek und hofft zugleich, dass das «afrikanische Alpenland an der reichgedeckten Tafel menschlicher Erzeugnisse» teilnehmen könne, «ohne auf die Freiheit verzichten zu müssen».

1917 wurde die Eisenbahn vollendet. Weder Ilg noch Menilek erlebten die Eröffnung. Der Kaiser starb 1913, Alfred Ilg 1916. Seine Bahn ist noch heute in Betrieb.

Pierre Eugène du Simitière
Die Dollarnote – swiss made

Fast alles misslang ihm. Ausser eines: Der Genfer Pierre Eugène du Simitière verhalf den USA zu ihrem Wappen und ihrem Wahlspruch. Seine Symbole zieren die Dollarnote – und nähren Verschwörungstheorien.

I Pierre Eugène du Simitière, 1737–1784, entwarf für das Wappen der USA das «Auge der Vorsehung» und das Motto «E pluribus unum».

«So verkünden wir feierlich und erklären, dass diese vereinigten Kolonien freie und unabhängige Staaten sind.» Es ist der 4. Juli 1776, und der Kongress in Philadelphia hat soeben die Unabhängigkeitserklärung der Vereinigten Staaten verabschiedet. Thomas Jefferson hat den Text aufgesetzt, John Adams, Benjamin Franklin und zwei weitere haben noch etwas redigiert. Jetzt soll das Dokument rasch ausgefertigt und unterzeichnet werden. Doch als die Gründerväter der USA den denkwürdigen Tag beenden, fällt ihnen etwas ein: Der neue Bund der 13 Staaten hat kein Wappen, kein Siegel, das dem Schriftstück Würde verleihen könnte. So bestimmt der Kongress umgehend, «dass Dr. Franklin, Mr. J. Adams und Mr. Jefferson ein Komitee sind, um ein Siegel der Vereinigten Staaten von Amerika vorzulegen».

Die drei zählen zu den fähigsten Köpfen der Neuen Welt, sind aber dieser Aufgabe nicht gewachsen. So suchen sie Hilfe bei einem Mann, der in Philadelphia von sich reden macht: Pierre Eugène du Simitière, ein Weltenbummler, der als Zeichner aufgefallen ist und etwas von Wappenkunde versteht. Er ist ein Natur- und Volkskundler, der wie besessen sammelt, was ihm in die Finger kommt. Die Staatsmänner kennen den 38-Jährigen schon länger. Franklin holte ihn 1768 als Mitglied und später als Kurator in die American Philosophical Society. Adams bestellte bei ihm eine Medaille zu Ehren von General George Washington und fand seine Entwürfe «sehr geistreich» und «gut ausgeführt». Auch Jefferson schätzt sein Talent. So vereinbaren die vier, dass jeder einen Vorschlag ausarbeitet.

Simitière ist nicht überrascht, dass die Gründerväter ihn beiziehen. Schliesslich ist er daran, auch Wappen für New Jersey, Delaware, Virginia und Georgia zu entwerfen. Dennoch ist es eine Genugtuung, denn mit seiner Sammlerei ist er bisher auf keinen grünen Zweig gekommen.

Von Wissensdurst getrieben

Geboren wurde Pierre Eugène du Simitière am 18. September 1737 in Genf. Sein Vater war Jean-Henri Ducimitière, Kaufmann im Ostindienhandel, seine Mutter hiess Judith Ulrique Cunégond Delorme. Seine Jugend liegt im Dunkeln, denn trotz seines Sammeltriebs bewahrte er damals fast nichts Biografisches auf. Rekonstruieren lässt sich bloss, dass er mit sieben Jahren eine Art Kadettenschule besucht, in Genf Malunterricht erhält und mit etwa 17 nach Amsterdam geht, wo er seine humanistische Bildung vervollständigt.

Mit 20 besteigt er ein Schiff nach Westen. Als er Anfang 1758 in der holländischen Karibikkolonie Sint Eustatius ankommt, ist er entschlossen, es dem berühmten Hans Sloane gleichzutun. Der britische Forscher

Die erste Dollarnote mit den Motiven des Staatssiegels wurde 1935 gedruckt.

Ein Staatsschatz der USA: Simitières wegweisende Skizze von 1776.

hatte 70 Jahre zuvor die Neue Welt bereist und eine riesige Sammlung angelegt, die den Grundstein des British Museum bildet. So kreuzt Simitière in der Karibik herum, besucht Curaçao, Jamaica, Hispaniola. Unermüdlich malt er Landschaften, Szenen, Getier und Gewächs, sammelt Pflanzen, Muscheln, Reptilien, Fische, Insekten, Fossilien, Münzen, Kuriositäten. Er notiert und inventarisiert, nichts ist zu nebensächlich, denn er hat Grosses vor: Er will die umfassende Natur- und Kulturgeschichte der West Indies und Nordamerikas schreiben. 1763 trifft er mit einer einzigartigen Sammlung in New York ein.

Die Amerikaner geben Simitière 1769 das Bürgerrecht. Er bleibt ein Sonderling. Wie ein Renaissance-Gelehrter sammelt er Wissen, um die Welt zu verstehen, ganz anders als die Amerikaner, die Wissen am Nutzen messen. Unbeirrt reist er durch die Kolonien, sammelt indianische Artefakte, Zeugnisse der Siedler und immer öfter auch Material zur politischen Unrast. Er spürt früh, dass sich ein Umbruch anbahnt, und fängt die flüchtigen Zeichen auf: Flugblätter, Pamphlete, Traktate, Zeitungen, Dokumente der Revolten. Nur hindert ihn sein Trieb, diese Schätze auszumünzen. Er beginnt mehrfach mit seiner geplanten Enzyklopädie und verliert sich in Details.

Um 1770 ist er pleite. Simitière dient sich deshalb als Porträtmaler an, «um zwei Sehnen am Bogen zu haben». Er malt die Helden des Unabhängigkeitskrieges, will die Bilder gravieren und drucken lassen. So kommt er an die Führungselite und an öffentliche Aufträge heran.

Am 13. August 1776 wird John Adams unruhig, denn die Sache mit dem Siegel eilt. So geht er in Simitières Kuriositätenkabinett und will den

Entwurf sehen. Franklin, Jefferson und Adams selbst empfehlen biblische und mythologische Szenen. Simitière dagegen präsentiert ein Wappen nach heraldischen Regeln, mit Schild, Schildhaltern, Bekrönung und Motto. Die Library of Congress hütet heute seine Skizze und den Bildcode wie einen Staatsschatz. Der Schild zeigt die Symbole der sechs europäischen Staaten, die Amerika besiedelten: Rose, Distel, Harfe, Lilie, Adler, Löwe; rundherum kleine Schilde mit Initialen der 13 neuen US-Staaten. Links die Freiheitsfigur, rechts als Zeichen der Wehrbereitschaft ein Soldat mit Büchse und Tomahawk. Über allem prangt «‹The Eye of Providence› (Das Auge der Vorsehung) im Dreieck, dessen Strahlenkranz sich über den Schild und die Träger ausbreitet», wie Simitière erklärt. In einer Banderole steht der Wahlspruch «E pluribus unum» (Aus vielen eins). Und am Rand soll die römische Zahl MDCCLXXVI das Gründungsjahr festhalten.

«Aus vielen eines»: Simitières Motto auf dem offiziellen Siegel der USA um 1890.

Allgegenwärtig: Als Markenzeichen der USA schmückt das «Great Seal» Flaggen und Rednerpulte.

Der lange Weg zum Endprodukt

Die drei Staatsmänner sind begeistert und legen Simitières Entwurf dem Kongress vor. Dieser jedoch, offenbar unzufrieden, vertagt das Geschäft. Erst vier Jahre später macht sich ein neues Komitee daran. Berater ist nun Francis Hopkinson, ein ehemaliger Kongressmann, der die US-Flagge kreiert hat und ein frühes 50-Dollar-Papier mit einer unfertigen Pyramide. Er macht Anleihen bei Simitière und schlägt ein traditionelles Wappen mit Schild, Sternen und allegorischen Figuren vor – vergeblich.

Erfolg hat erst 1782 das dritte Komitee. Auch der Künstler und Jurist William Barton greift auf Simitière zurück und zeichnet Sterne, Schild, Schildhalter und einen Adler. Für die Rückseite des Siegels kombiniert er Pyramide und Auge. Das Material geht nun an Kongresssekretär Charles Thompson. Dieser setzt aus all dem das heutige Siegel zusammen: Vorne prangt der Adler, mit Ölzweig, Pfeilen und dem Wahlspruch «E pluribus unum». Die Rückseite zeigt zentral das Auge über der Pyramide mit der Jahreszahl sowie den Sätzen «Annuit cœptis» (Er heisst das Begonnene gut) und «Novus ordo seclorum» (Neue Ordnung der Zeiten). Somit sind von Simitière vier Elemente konkret und zwei abstrahiert ins US-amerikanische Siegel eingegangen: Schild, Auge, sein Wahlspruch, die römische Jahreszahl, ferner die Zahl 13 und die Wehrhaftigkeit in Form des Pfeilbündels.

Verschwörung made in Hollywood: Nicolas Cage liest als Benjamin Gates in *Vermächtnis der Tempelritter* (2004) die geheimen Fingerzeige auf der Dollarnote.

Ab 1935: das Geld der Gottlosen?

Das Siegel wurde im Herbst 1782 eingeführt und ziert seither Akten, Flaggen, Gebäude und Rednerpulte. Die Seite mit Auge und Pyramide wurde erst 1786 gestochen und – für die Rückseite hängender Siegel gedacht – nie benutzt. So kam es, dass Präsident Franklin D. Roosevelt sie nicht kannte, als 1935 ein Vorschlag für eine neue Ein-Dollar-Note auf seinem Tisch landete. Das Finanzministerium schlug die Siegelmotive vor. Roosevelt gefiel dies, denn er sah seine Politik des «New Deal» als revolutionären Neuanfang im Geist der Gründerväter. So genehmigte er die neue Note mit der vergessenen, rätselhaften Pyramide und dem Auge – und löste eine Welle wilder Spekulationen aus, die bis heute anhält.

Verschwörungstheoretiker sehen die Dollarnote heute als Beweis eines jüdisch-freimaurerischen Weltkomplotts. Überall sollen Symbole belegen, dass die USA von gottlosen Illuminaten gegründet wurden, die die Weltherrschaft wollten. Da ist das «Allsehende Auge», bekannt als Freimaurer-Symbol, die 13-stufige Pyramide steht für die Hierarchie des Ordens. Zudem 13 Pfeile, 13 Blätter am Ölzweig, 13 Sterne, die ein Hexagramm bilden – den Davidstern. Und ergänzt man das Dreieck der Pyramide zum Sechszack, weisen die Spitzen auf die Buchstaben A, S, N, O, M – ein Anagramm für «Mason», Freimaurer. 1776 ist zudem das Jahr, in dem der bayrische Gelehrte Adam Weishaupt die Illuminaten gründete. «Novus ordo seclorum» heisse nicht «Neue Ordnung der Zeiten», sondern «Neue Weltordnung» oder «Neue säkulare Ordnung».

Ikonen der Revolution: Simitière zeichnete George Washington und andere Helden der amerikanischen Unabhängigkeit.

Die Verschwörungsideen sind alt. Die Freimaurer gingen aus den mittelalterlichen Vereinigungen der Steinmetze hervor und konstituierten sich 1717 als Bruderschaft im Geist der Aufklärung, die sich der Freiheit, Gleichheit, Brüderlichkeit, Toleranz und Humanität verpflichtet sahen und in steter Arbeit an sich selbst diese Ideale verwirklichen wollten. Geachtete Leute gehörten ihnen an: Alexander von Humboldt, Lessing, Goethe, Mozart, Bach, Voltaire und Montesquieu. Seit je waren sie wegen geheimnisvoller Riten verdächtig und wurden von der katholischen Kirche als Zerstörer des Glaubens bekämpft. Auch die Nazis hetzten gegen sie, besonders gegen den Freimaurer Roosevelt, den sie als Kopf der Weltverschwörung verunglimpften.

Später gaben Freimaurer und Illuminaten Stoff her für reisserische Pseudostudien, Romane und Filme. Der Autor William Guy Carr verbreitete in den 1950er-Jahren die Idee der geheimnisumwitterten Zeichen auf der Dollarnote und fand viele Nachfolger: Robert Anton Wilsons und Robert Sheas Illuminatus-Trilogie von 1975 und aktuell Dan Browns *Illuminati* und besonders *Das verlorene Symbol*. Auch im Film *Das Vermächtnis der Tempelritter* jagt Nicolas Cage mithilfe der Dollarnote dem Schatz der US-Gründer hinterher.

Alles an den Haaren herbeigezogen

Die Beweisführungen sind alle spekulativ, zurechtgebogen oder erfunden. Washington war zwar Freimaurer, aber am Siegel nicht beteiligt, Franklin ebenfalls, ging aber ab Oktober 1776 nach Frankreich. Alle anderen Beteiligten, namentlich Simitière, hatten mit Freimaurerei nichts zu tun. Sein «Auge der Vorsehung» ist ein uraltes Symbol für das Göttliche – das Horus-Auge aus der ägyptischen Mythologie wurde um 1650 in der christlichen Mystik für die Dreieinigkeit üblich. Die Freimaurer benutzten es als Symbol des Vernunftprinzips und des «Allmächtigen Baumeisters aller Welten», allerdings erst ab 1797, also nachdem das Siegel entstanden war.

Die Pyramide symbolisiert laut ihrem Erfinder Hopkinson «Stärke und Dauer» und dass die USA noch nicht vollendet seien. Die Freimaurer kennen Tempelsymbole, nicht aber eine Pyramide mit Auge. Ebenso wenig die Sprüche «Annuit cœptis» und «Novus ordo seclorum», die von Vergil stammen. Sie drücken aus, dass eine neue Ära beginnt und die USA unter Gottes Schutz stehen. «E pluribus unum» meint laut Simitière, dass aus vielen Völkern eins werde. Den Spruch, ebenfalls ein Vergil-Zitat, dürfte er beim *Gentleman's Magazine* gefunden haben, einem Intelligenzblatt von damals, das es im Untertitel trug. Die Zahlen «1776» und «13» sind Verweise auf die Ursprünge der USA. Die Illuminaten hatten keinen Kontakt dorthin und waren 1785 schon wieder aufgelöst.

Der Zeichner, betrogen und vergessen

Von all der späteren Aufregung ahnte Pierre Eugène du Simitière damals nichts. Obwohl er sich im engsten Zirkel der Macht bewegt, darbt er finanziell. Er schlägt sich mit Übersetzungen durch. Einmal sperren ihn die Briten drei Wochen ein, einmal büssen ihn die Amerikaner, weil er sich dem Kriegsdienst entzieht. 1779 reicht er dem Kongress eine Bittschrift ein, ihn zum «Historiographer of the Revolution» mit 2000 Dollar Jahresgehalt zu machen und so die Enzyklopädie zu ermöglichen. Vergeblich.

Dafür sitzt ihm George Washington Modell für ein Porträt. In Europa schmückt diese erste Ikone Washingtons bald Textilien und Tassen, in den USA wird sie auf das One-Cent-Stück geprägt. Simitière sieht die Chance und schickt weitere 13 Porträts bedeutender Personen zum Gravieren nach Paris. Er ist der Erste, der die Helden der neuen Epoche darstellt, das Publikum lechzt danach. Nur er hat nichts davon: In Europa überschwemmen Raubkopien den Markt, Sendungen in die USA werden von Rivalen sabotiert.

Aus Not macht Simitière nun seine Sammlung zugänglich. Sein «American Museum of Natural History» ist das erste auf dem Kontinent. Er setzt den Eintrittspreis mit 50 Cents aber so hoch an, dass zu wenige Besucher kommen. 1781 erhält er vom College of New Jersey (heute Princeton University) den Titel Master of Arts. Auch das hilft nichts. Niedergedrückt von Schulden und allgemeiner Geringschätzung erkrankt er und stirbt mit 47 Jahren Anfang Oktober 1784. Er wird ohne Grabstein in Philadelphia beerdigt.

Kurz darauf liquidieren seine Verwalter die Sammlung, um Schulden zu tilgen. Naturschätze, Kuriositäten und Münzen werden zerstreut. Die Tausende von Zeichnungen und Schriftstücken kauft hingegen die Library Company of Philadelphia, ihr wichtigster Erwerb, wie sie bald erkennt. Pierre Eugène du Simitière, der Lebenskünstler aus Genf, hat den jungen USA zu ihrem Gesicht und ihrem Gedächtnis verholfen: mit seinem Beitrag zum «Great Seal», seiner Helden-Galerie und seiner historischen Sammlung. Von ihm gibt es kein Bild und kein Denkmal. Aber jeder Amerikaner trägt ihn heute bei sich, verborgen in der Dollarnote.

Mary Shelley
Frankenstein ist Genfer

Doktor Viktor Frankenstein hat nie gelebt. Trotzdem ist er unsterblich. Erschaffen hat ihn die damals 18-jährige Mary Shelley in einer Horrornacht am Genfersee.

I Mary Shelley, 1797–1851.

Blitze zucken, Donner grollt, Sturm peitscht über den Genfersee. Mary Wollstonecraft Shelley, die 18-jährige Geliebte und spätere Ehefrau des Schriftstellers Percy Bysshe Shelley, sitzt mit ihren Freunden am Kamin in der Villa Diodati in Cologny. Shelleys sind zu Besuch bei Lord Byron, dem egozentrischen Dichter und Lebemann. 1816 ist kalt und verregnet, «das Jahr ohne Sommer», denn in Indonesien ist der Vulkan Tambora ausgebrochen und hat so viel Asche in die Atmosphäre geschleudert, dass sich weltweit das Klima verschlechtert.

Percy und Mary sowie ihre Stiefschwester Claire Clairmont sind Mitte Mai aus London hergereist, im Hôtel d'Angleterre in Sécheron abgestiegen und dann ins billigere Maison Chapuis bei Cologny gezogen. Das Bohème-Paar mit einem Sohn lebt in wilder Ehe. Percy Shelley ist mit einer anderen Frau verheiratet und Vater zweier weiterer Kinder. Mary und er sind durchgebrannt, um ihren hartherzigen Vätern, der steifen Moral und den Gläubigern in England zu entkommen. Und um in der Villa Diodati Lord Byron zu treffen. Die Intellektuellen segeln auf dem See, reisen nach Chamonix zu den Gletschern des Montblanc und besuchen heilige Stätten der Literatur wie Voltaires Schloss in Ferney, Edward Gibbons Villa in Lausanne sowie Clarens und Meillerie, wo *Julie oder Die neue Heloise* spielt, der Roman des grossen Genfers Jean-Jacques Rousseau.

Unvergesslich: Boris Karloff wurde als Monster im Film *Frankenstein* von 1931 über Nacht berühmt.

Inspiriert von Wissenschaft und Opium

Nächtens bei Dauerregen vertreiben sich die englischen Romantiker die Zeit am Kamin. Es geht um die ersten und die letzten Dinge – etwa um die Frage, ob man tote Materie beleben könne. Man debattiert über den Gelehrten Erasmus Darwin, der angeblich Wurmglieder nachwachsen liess, und über den Arzt Luigi Galvani, der mit Strom Froschschenkel zum Zucken brachte. Mary hält sich zurück und lauscht dem geistreichen Byron. Irgendwann fällt ihnen ein Buch in die Hände, *Fantasmagoriana,* eine ins Französische übersetzte Sammlung deutscher Geistergeschichten. Dann, in der Nacht vom 16. Juni 1816, hat Lord Byron eine Idee: «Jeder von uns wird eine Geistergeschichte schreiben.»

Byron und Percy beginnen düstere Erzählungen, lassen sie aber bald liegen. Byrons Leibarzt John Polidori entwirft die Geschichte *Der Vampyr.* Sie wird vom Byron-Zirkel sofort lächerlich gemacht – löst jedoch später das literarische Blutsaugerfieber aus, das auch Bram Stokers *Dracula* hervorbringt. Mary Shelley, beflügelt von den Gruselstorys, packt der Ehrgeiz. Sie will eine Geschichte schreiben, «die die geheimsten Ängste der menschlichen Natur ansprechen und Schauer des Entsetzens hervorrufen würde – eine, bei der dem Leser davor graut, sich umzublicken, bei der ihm das Blut in den Adern stockt und der Puls schneller schlägt».

Frankensteins Geburtshaus: Die Villa Diodati in Cologny.

Doch die Inspiration bleibt tagelang aus. Dann – vielleicht dank der Opiumtinktur Laudanum – hat Mary zur Geisterstunde einen Horrortrip. «Ungebeten hatte meine Phantasie völlig Besitz von mir ergriffen und verlieh den fortlaufenden Bildern, die vor mir auftauchten, eine Lebendigkeit, die über die übliche Tagträumerei weit hinausging», berichtet sie 1831 im Vorwort zur dritten Auflage von *Frankenstein*. «Ich sah den blassen Studenten unheiliger Künste neben dem Ding knien, das er zusammengesetzt hatte. Ich sah das abscheuliche Phantasma eines Mannes ausgestreckt daliegen und plötzlich mithilfe einer gewaltigen Maschine Lebenszeichen von sich geben und sich mit einer noch schwerfälligen, halblebendigen Bewegung rühren.» Der Lebensfunke erstarkt, und in ihrer Halluzination sieht Mary, wie das Wesen den Studenten «mit gelben, wässrigen, doch forschenden Augen anstarrt».

Er wollte nur Liebe: Mary Shelleys Vorlage zum Film *Frankenstein* 1931 war nicht bloss ein Gruselroman.

Mehr als nur Kulisse: die Gegend um Genf

Das ist die Geburt von Doktor Viktor Frankenstein und des namenlosen Monsters, wie sie Shelley schildert. Ob sie im Nachhinein etwas flunkerte, ist umstritten. «Es war in einer düsteren Novembernacht», beginnt sie jedenfalls die Niederschrift. 1818 erscheint das Werk anonym in drei Bänden als *Frankenstein, oder der moderne Prometheus* – und wird ein Grosserfolg.

Die Geschichte ist dabei nicht nur in Genf entstanden, sie ist auch tief in die Region hineingewoben. «Ich bin Genfer von Geburt, und meine Familie ist eine der vornehmsten der Republik», lässt die Autorin ihren Helden Viktor Frankenstein sagen. Mit Schauplätzen wie Bellerive, Sécheron und dem Genfer Hausberg Salève verankert sie die Geschehnisse am Ort. Als der Student, erschrocken über seine Tat, aus Ingolstadt in die Heimat flieht, folgt ihm das Monster. In Genf-Plainpalais ermordet es seinen Bruder. Die Schlüsselszene, als es seinen Schöpfer stellt und eine Gespielin verlangt, spielt in der Einsamkeit des Mer de Glace am Montblanc. Und bei Evian erdrosselt es schliesslich Frankensteins Verlobte.

Aus Shelleys Notizen weiss man, wie sehr die Gewitternächte am Genfersee sie beeindruckten und die Einsamkeit und Weite der Alpen ihre Phantasie erregten. Genf ist nicht die Kulisse, in die sie die Handlung stellt, sondern umgekehrt: Die Geschichte wächst, wie bei den Romantikern oft, förmlich aus den Eindrücken der Umgebung heraus.

Ins Reich der Legenden gehört hingegen, Frankenstein habe ein reales Vorbild in Johann Konrad Dippel, einem Arzt, der auf der Burg Frankenstein bei Darmstadt Alchemie getrieben haben soll. Eher «germanisierte» Shelley, wie in der Schauerdichtung üblich, den Namen oder bediente sich bei Gruselautor Matthew Lewis, wo «Frankheim» und «Falkenstein» vorkommen.

Zum Zombie-Schocker banalisiert

Geschichten mit Ruinen und Kettengerassel sind damals Mode, und weil viele deutsch sind, nennt man sie Gothic Novels. Mary Shelley betonte jedoch, dass ihr Roman nicht «gothic» sei, sie sich also nicht an die Aufklärungsdichter anlehnt, die am Ende den Spuk auflösen und die Ratio triumphieren lassen. Ihre Geschichte handelt nicht von Einbildung und Aberglaube, sondern von der Hybris des Wissenschaftlers und vom realen Horror eines Frevels. Indem Shelley statt des Spuks die Wissenschaft beizieht, ein realistisches Szenario entwirft und die Folgen darstellt, begründet sie ein neues, bis heute erfolgreiches Genre: Science-Fiction.

Shelleys Figuren haben sich längst vom Ursprung gelöst und führen in Büchern, Bühnenstücken und Filmen ein Eigenleben. «Frankenstein» ist zum Gattungsbegriff geworden, wobei der Name meist dem Monster und nicht dem Doktor zugeschrieben wird. So hat die namenlose Kreatur ihren Schöpfer verschlungen – und mit ihm die Absichten ihrer Schöpferin. Frankenstein ist weitgehend zum Zombie-Schocker banalisiert worden. Dabei ging es Shelley um etwas ganz anderes: Ihr Monster ist ein sensibles, kulturfähiges Wesen, das Rousseaus Ideal vom «edlen Wilden» nachstrebt. Es wird erst zum Mörder, als sich sein Schöpfer von ihm abwendet und ihm die Liebe verweigert, die jeder empfindsamen Kreatur zusteht.

So ist *Frankenstein* nur vordergründig ein Gruselbuch und auch nur umständehalber ein Lehrstück zur Ethik der Wissenschaft. Im Grunde ist es ein tief moralischer Erziehungsroman und eine bittere Antwort auf Rousseaus Erziehungsthesen. Er dreht sich um die Verantwortung des Vaters für sein Kind, um Zuneigung und die Verbindlichkeit von Beziehungen – alles, was der Autorin im eigenen familiären Umfeld fehlt. Damit ist Mary Shelleys *Frankenstein* einer der erfolgreichsten und am meisten verkannten Romane der Weltliteratur.

Othmar H. Ammann
Wie ein Schaffhauser New York gross macht

Von der ETH erhielt er einen Verweis für «Unfleiss». Dann ging Othmar H. Ammann in die USA, baute die längsten Brücken der Welt und ebnete New York den Weg zur Weltmetropole.

I Othmar H. Ammann, 1879–1965.

Er wehrt sich nicht gegen das Gefühl der Genugtuung, das jetzt in ihm hochsteigt. Es ist der 25. Oktober 1931, der Tag seines Triumphs. Othmar Hermann Ammann steht an der George Washington Bridge in New York, und was Rang und Namen hat, ist gekommen, um seine grandiose Brücke über den Hudson River zu feiern. Was hatte es alles gebraucht, um die Zaghaften zu überzeugen und die Neider zum Schweigen zu bringen. Mit seinem Mentor Gustav Lindenthal hat er sich überworfen. Politiker von New York und New Jersey hat er bearbeitet und bei Dutzenden von Verbänden lobbyiert, bis die beiden Staaten und der US-Kongress zustimmten. Tollkühn sei es, eine Hängebrücke dieser Spannweite zu bauen, hatten Ingenieurkollegen gegiftelt. Und noch gestern rief ein Armeefunktionär an und fragte, ob die Soldaten heute auf der Brücke den Gleichschritt unterbrechen müssten, um Schwingungen zu vermeiden. «Sicher nicht», beschied Ingenieur Ammann knapp und muss noch immer schmunzeln über die unbedarfte Frage.

«Eine hässliche Brücke wäre ein Verbrechen.» Othmar H. Ammann [links] **vor der George Washington Bridge 1931.**

Der erste Weltrekord von dreien

Nach vier Jahren Bau steht die Brücke nun da, majestätisch mit ihren mächtigen und zugleich filigranen Stahlpfeilern, und überbrückt scheinbar schwerelos den Hudson. 1067 Meter Spannweite, die längste Brücke der Welt und doppelt so lang wie die bisherige Rekordhalterin. New Yorks Gouverneur Franklin D. Roosevelt tritt ans Rednerpult und ehrt den 52-Jährigen. Er weiss es, alle wissen es: Diese Brücke setzt nicht nur technisch und ästhetisch neue Massstäbe, sie bedeutet für New York auch die lang ersehnte Öffnung. Nach Osten über den East River ist Manhattan längst erschlossen mit der Brooklyn Bridge, der Williamsburg Bridge und der Manhattan Bridge. Aber im Westen, wo das Wachstumsgebiet der Stadt liegt, war das Festland bis gestern nur mühsam mit Fähren erreichbar. Nun erschliesst Ammanns Brücke «Greater New York» auch westwärts und ermöglicht, dass es weit über seine Grenzen wachsen und zur riesigen Metropolitanregion werden kann.

Woher Othmar Ammanns Passion für grosse Brücken kam, lässt sich nicht sagen. Geboren wurde er als Sohn eines Hutfabrikanten am 26. März 1879 in Feuerthalen am Rhein bei Schaffhausen, und vielleicht liegt der Ursprung in der Kindheit am Fluss.

Als Othmar zehn Jahre alt ist, zieht die Familie nach Bendlikon am Zürichsee. Interesse an Technik und Gestaltung zeigt er früh. Er besucht die Industrieschule in Zürich und schreibt sich am Polytechnikum (heute ETH) für Bauingenieurwesen ein. Noch vor Studienbeginn macht er ein Praktikum auf der Baustelle der Argen-Hängebrücke am Bodensee. Dann studiert er beim bekannten Ingenieur Karl Wilhelm Ritter. Als Student

Ein Bauwerk der Superlative: Für die dicken Tragseile der George Washington Bridge wurden 170 000 Kilometer Stahldrähte verwendet – das würde viermal um die Erde reichen.

nimmt er es offenbar noch nicht so genau wie später, jedenfalls kassiert er 1901, ein Jahr vor dem Abschluss, einen Verweis für «Unfleiss».

«Eine Brücke sollte ein Kunstwerk sein»

Frisch diplomiert, bereitet er allerdings zielstrebig seine Karriere vor. Für eine Brückenbaufirma in Brugg arbeitet er am Plan der Genfer Mont-Blanc-Brücke, dann geht er zu einer Firma für Eisenbetonbau in Frankfurt. Ein ETH-Professor empfiehlt ihm, sich in den USA weiterzubilden. So reist Ammann 1904 nach New York. In den USA ist die Motorisierung und damit das goldene Zeitalter des Infrastrukturausbaus angebrochen. New York plant mehrere grosse Brücken, und der junge, ehrgeizige Schweizer mit dem Diplom einer der besten Hochschulen Europas kommt gerade richtig. Die erste Tür, an die er klopft, ist die von Joseph Mayer, dessen Ingenieurbüro Dutzende Grossprojekte bearbeitet. Zu Ammanns Überraschung wird er sofort als Assistant Engineer für mehrere Eisenbahnbrücken eingesetzt. Er muss schmal durch, aber die neue Umgebung begeistert ihn. Zum Lunch gönnt er sich oft nur ein Glas Milch und eine Banane, streift durch die Strassen und beobachtet, wie überall gebaut wird. Die Überbrückung des Hudsons ist das Tagesthema der Ingenieure. «Mein erstes ernsthaftes Interesse am Problem einer Brücke über den Hudson erwachte kurz nach meiner Ankunft in New York. Ich besuchte die Palisade Cliffs, von wo ich einen wunderbaren Blick über den majestätischen Fluss hatte. Erstmals konnte ich mir das kühne Unternehmen vorstellen, den breiten Wasserweg mit einem einzigen Sprung von 3000 Fuss von Ufer zu Ufer zu überspannen», erinnerte er sich in einer autobiografischen Rückschau.

1905 heiratet Ammann in der Schweiz seine Jugendfreundin Lilly Selma Wehrli. Er kehrt sofort in die USA zurück und heuert bei einer Stahlbaufirma an. Als 1907 bei Quebec noch während des Baus eine gigantische Brücke über den St.-Lorenz-Strom einstürzt, erhält er seine grosse Chance. Sein Chef empfiehlt ihn als Experten für die Untersuchung. Er liefert in kurzer Zeit einen mustergültigen Bericht ab, der ihn weitherum bekannt macht. Danach bearbeitet er das Projekt der neuen Quebec-Brücke und Pläne für die Queensboro-Brücke in New York von Gustav Lindenthal. Der österreichische Einwanderer ist der Staringenieur der USA, erkennt Ammanns Talent und stellt ihn 1912 an. Lindenthals Büro projektiert gerade die Hell Gate Bridge über den East River, mit 300 Metern damals die längste Brücke. Ammann kniet sich als Assistant Chief Engineer ins Projekt.

Dann bricht der Erste Weltkrieg aus. Infanterieleutnant Ammann erfährt von der Mobilmachung in der Heimat und bricht im August 1914 umgehend auf, um zu seinem Bataillon am Gotthard zu stossen. Nach 81 Tagen ist für ihn der Aktivdienst aber schon vorbei, und er kehrt in die

USA zurück. 1916 ist die Hell-Gate-Brücke beendet. Im Bericht darüber hält Ammann sein Credo fest: «Eine grosse Brücke in einer grossen Stadt, wenn auch primär nützlich in ihrem Ziel, sollte dennoch ein Kunstwerk sein, dem die Wissenschaft ihre Hilfe leiht.»

Er tritt gegen den Chef an – und siegt

Mit dem Kriegseintritt der USA werden nun jedoch weitere Projekte auf Eis gelegt. Ammann übernimmt die Führung einer maroden Ziegelei in New Jersey, «um verfügbar zu sein, wenn Mister Lindenthal meine Hilfe wieder braucht». Er bewährt sich als Manager und knüpft politische Kontakte, die sich später als wichtig erweisen. Nach zwei Jahren kehrt er ins Büro Lindenthal und zu seiner Passion Brückenbau zurück.

Lindenthals ganzer Ehrgeiz gilt jetzt dem Hudson-Projekt. Er plant eine riesige Brücke ins Herz New Yorks, bei der 57. Strasse, zweistöckig mit 20 Spuren, zwölf Bahnlinien und Kosten von über 200 Millionen Dollar. Ammann schüttelt nur den Kopf. Er hält die Summe für unrealistisch und glaubt nicht, dass Midtown Manhattan den Verkehr bewältigen könnte. Er plädiert für eine Brücke mit vorerst einer Fahrbahnebene und acht Spuren, an der 179. Strasse bei den Palisade Cliffs, wo der Boden billiger ist und die Brücke hoch genug liegt, um Schiffe nicht zu behindern. Lindenthal wirft Ammann Furchtsamkeit und Kurzsichtigkeit vor, dieser ihm Egomanie und Realitätsferne. 1922, nun Vater zweier Söhne und einer Tochter, schreibt er entnervt seiner Mutter: «Ich und viele andere haben vergeblich gekämpft gegen den grenzenlosen Ehrgeiz eines Genies, das besessen ist von Illusionen von Grandeur. Er hat die Macht in den Händen und weigert sich, Mässigung in seine gigantischen Pläne zu bringen.»

Ammann beschliesst, sein Konkurrenzprojekt zu lancieren, und antichambriert bei den Gouverneuren von New Jersey und New York. Lindenthal ist ausser sich und bezichtigt ihn des Treuebruchs. Nach dem Eklat findet Ammann Unterschlupf in den Büros einer Schweizer Seidenhandelsfirma, rechnet, zeichnet – und vor allem bearbeitet er Politiker. 1925 ist das Duell entschieden. Der 46-jährige, frisch eingebürgerte Ammann wird zum Brückeningenieur der Port Authority ernannt, die New Yorks Infrastrukturen verwaltet.

Jetzt plant er mit Eifer und Disziplin die künftigen Hauptschlagadern der Agglomeration. 1927 beginnt der Bau von gleich drei Brücken, Outerbridge Crossing, Goethals Bridge und sein Herzensprojekt, die Washington Bridge am Hudson. Im Jahr darauf rollt der Verkehr über die ersten beiden, und schon folgt der Spatenstich für die Bayonne Bridge. Ammann ist bewusst, dass seine Brücken New Yorks Gesicht prägen werden. Er ist besessen vom Gedanken der Einfachheit und Reinheit; er duldet

Die Tragseile hängen, noch fehlt die Fahrbahn: Die George Washington Bridge 1930.

nicht einmal eine Ketchupflasche im Esszimmer, weil sie sein ästhetisches Empfinden stört. Schlicht und klar sollten auch seine Brücken sein und die Schwere der Materie in Eleganz und Harmonie auflösen.

Seine Ideen ermöglichen längere Brücke

Beim Hudson-Projekt trifft dies zusammen mit dem Problem, mehr als 1000 Meter zu überspannen. Eine Bogen- oder Fachwerkbrücke fällt ausser Betracht, weil sie kaum ihr Eigengewicht tragen könnte. Einzig denkbar ist eine Hängebrücke. Weil Hängebrücken aber leicht zu schwingen beginnen, muss nach gängiger Lehre das Tragwerk versteift werden. Mit zunehmender Länge werden diese Versteifungen aber sehr kompliziert und schwer. Alle Ingenieure sind überzeugt, sie seien unerlässlich, und entwerfen irrwitzige Konstruktionen. Nicht so Ammann, und das ist seine eigentliche herausragende Leistung. Auf der Basis einer Theorie des französischen Mathematikers Claude Louis Navier von 1823, Studien seines ETH-Lehrers Ritter und Überlegungen des Manhattan-Bridge-Bauers Leon S. Moisseiff gelangt er zur Überzeugung: Wenn mit zunehmender

Spannweite das Eigengewicht von Aufhängung und Fahrbahn steigt, sinkt aufgrund der Masseträgheit der gesamten Konstruktion die Notwendigkeit, zusätzliche Versteifungen anzubringen.

Auf der Grundlage von Intuition und detaillierten Berechnungen setzt er diese Idee in die Tat um – und bekommt recht. Die Eröffnung der Washington Bridge 1931 gibt dem Brückenbau weltweit grosse Impulse. Ammanns Prinzip, Stabilität durch Gewicht und Masseträgheit zu erreichen statt durch Versteifungen, ermöglicht es fortan, die Spannweiten massiv zu erweitern. Nie wieder ist ein derartiger Entwicklungssprung erreicht worden. Im gleichen Jahr stellt Ammann zudem den zweiten Rekord auf: Die Bayonne-Stahlbogenbrücke ist mit 504 Metern ebenfalls die längste ihrer Art.

Katastrophe: eine Brücke stürzt ein

1933 stirbt seine Frau Lilly, sodass er mit drei Kindern allein dasteht. Nach zwei Jahren heiratet er erneut eine Schweizerin, Kläry Nötzli, Witwe eines Staudamm-Ingenieurs. In kurzer Folge verwirklicht er nun in New York weitere Projekte. Zugleich nimmt er als Berater grossen Einfluss auf die Konstruktion der Golden Gate in San Francisco, die mit 1280 Metern Spannweite 1937 den Rekord übernimmt. 1939 geht Ammann nach 14 Jahren bei der Port Authority in Pension, allerdings nicht, um sich zur Ruhe zu setzen.

Er will sich als Berater für Hängebrücken nützlich machen. Bald fordert ein Auftrag ihn ganz. Nur vier Monate nach ihrer Eröffnung ist 1940 die Tacoma Narrows Bridge eingestürzt, die drittlängste Hängebrücke; mässiger Wind hatte sie in Schwingungen versetzt, bis die Seile rissen – ein Schock für die Fachwelt und für Ammann, den Grossmeister langer Hängebrücken. Er stellt mit seinem Expertenteam fest, dass die Aerodynamik der Fahrbahn wie bei einem Flugzeugflügel gewirkt und zur Instabilität geführt hat. Ammann untersucht darauf 30 Hängebrücken, entwickelt den «Stiffness Index», eine Formel für die Steifigkeit, und empfiehlt etliche Massnahmen, die sofort Standard werden.

1946, im Alter von 67 Jahren, tut er sich mit dem Betoningenieur Charles S. Whitney zusammen und gründet das Büro Ammann & Whitney. Hier betreut er zahlreiche weitere Projekte. Die Krönung seines Werks ist jedoch die Verrazano Narrows Bridge über die Hafeneinfahrt von New York, mit der er 1964 im Alter von 85 Jahren erneut den Rekord aufstellt. Mit 1298 Metern Spannweite ist sie 20 Meter länger als die Golden Gate, so lang, dass er gar die Erdkrümmung berücksichtigen muss.

Ammann hat damit sein eigenes Denkmal gebaut und wird als «der führende Brückenbauer der Welt» geehrt. Er ist bis heute der Einzige, der

[rechts] **Die Konstruktion prägt das Gesicht der Stadt: Die George Washington Bridge 1950.**

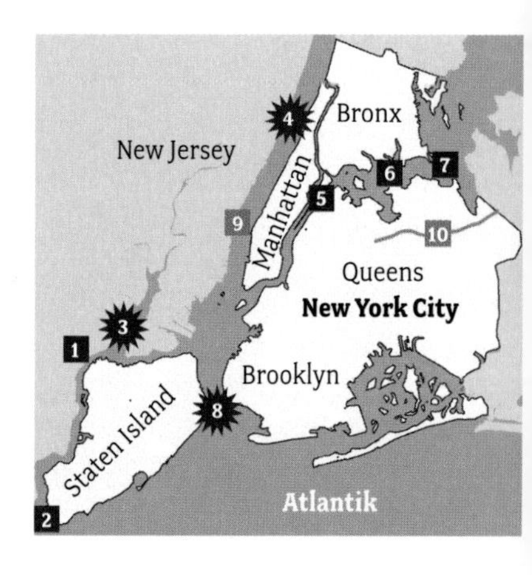

Swissness in New York: Acht bedeutende Brücken, ein Tunnel und eine Strasse entstanden unter der Regie von Othmar H. Ammann. Dreimal stellte er mit seinen Brücken Weltrekorde bei der Spannweite auf.

Die acht Brücken (Weltrekord = ✸)

1 Goethals Bridge, 1928 (Jahr der Fertigstellung)
2 Outerbridge Crossing, 1928
3 ✸ Bayonne Bridge, 1931
4 ✸ George Washington Bridge, 1931
5 Triborough Bridge, 1936 (heute: Robert F. Kennedy Memorial Bridge)
6 Bronx-Whitestone Bridge, 1939
7 Throgs Neck Bridge, 1961
8 ✸ Verrazano Narrows Bridge, 1964

Weitere Bauwerke von Ammann

9 Lincoln-Tunnel, 1937
10 Horace Harding Expressway, 1957

3 Bayonne Bridge

4 George Washington Bridge

8 Verrazano Narrows Bridge

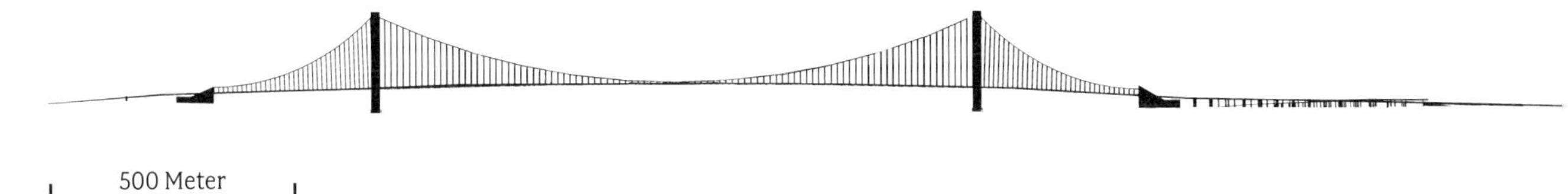

drei Weltrekorde verbuchte, bei der Bayonne Bridge den längsten Stahlbogen, bei der Washington und der Verrazano Bridge die grösste Spannweite. Neben vielen anderen Ehrungen erhält er von US-Präsident Lyndon B. Johnson 1965 die National Medal of Science. Ammann, als Student für «Unfleiss» gescholten, bedankt sich mit den Worten: «Der Weg zum Erfolg ist allen offen, die Anstrengungen, Mut und Ausdauer nicht scheuen.» Wenige Monate später stirbt er im Alter von 86 Jahren.

«Im Brückenbau ist die Ästhetik ebenso wichtig wie die technischen Details. Es ist ein Verbrechen, eine hässliche Brücke zu bauen», hatte Ammann einmal gesagt. Seine technische Leistung hat New York den Weg zur Megametropole geöffnet. Seine Ästhetik prägt bis heute das Bild der Stadt und ist weltweit zum Sinnbild moderner Zivilisation geworden.

Giovanni Stucky
Der Müller von Venedig

Er hat in Venedig die grösste Kornmühle Europas aufgebaut: Giovanni Stucky von Münsingen BE. Auf dem Gipfel seines Erfolgs wurde er ermordet. Aber sein «Molino Stucky» prägt noch heute das Stadtbild.

I Giovanni Stucky, 1843–1910.

Giovanni Stucky schreitet die Treppe zum Bahnhof von Venedig hoch. Es ist der 21. Mai 1910, und der Industrielle ahnt nicht, dass dies sein Todestag sein wird. Der 67-Jährige ist eine imposante Erscheinung mit seinen 1,92 Metern und dem hellen Patriarchenbart. Er ist von seiner Grossmühle auf der Insel Giudecca zur Station gefahren und will den 18.40-Uhr-Zug erreichen, um zu seiner Villa auf dem Festland zu gelangen. Doch zwischen den Säulen lauert ein untersetzter Mann in Arbeiterkluft mit Mordplänen im Kopf.

Stucky tritt in die Halle, da prescht der Mörder hervor. Ohne ein Wort, so erzählt später ein Augenzeuge, geht er auf den Fabrikherrn los und schlitzt ihm mit einem Rasiermesser die Gurgel auf. Der Schnitt ist so gewaltig, dass Halsschlagader und Kehlkopf durchtrennt werden.

Repräsentative Architektur: Der Fassadenschmuck am Molino Stucky imponiert noch heute.

Venedig verliert seinen Wohltäter

Der Mörder wird als Giovanni Bruniera identifiziert, genannt «Fàtuto», 35 Jahre alt und früher angestellt bei der Mühle Stucky. Er hat schon fünf Jahre zuvor den Patron bedroht und dafür 18 Monate im Gefängnis gesessen. Beim Verhör gibt er wirres Zeug von sich. Die Zeitungen spekulieren, er sei Anarchist, getrieben von subversiven Ideen. Bald wird auch gemunkelt, blond wie Stucky und ebenfalls aus Treviso, sei er dessen unehelicher Sohn. Für die Richter steht bald fest: Bruniera ist geistesgestört und gehört ins Zuchthaus.

Das shakespearesche Drama wühlt die Venezianer auf. Stuckys Leichnam wird in seine Stadtresidenz gebracht, Tausende tragen sich ins Kondolenzbuch ein oder schicken Telegramme. Er wird in einer Kirche aufgebahrt und dann in der Familienkapelle auf der Toteninsel beigesetzt. Hunderte geben ihm das letzte Geleit: Delegationen der Stadt, der Industrie, der Arbeiter, Geschäftspartner, Freunde – fast ein Staatsbegräbnis. Stucky hat mit seiner Mühle die Industrialisierung in die Lagune gebracht, im Veneto viel Marschland trockengelegt, die Landwirtschaft modernisiert – und ein Vermögen angehäuft, an dem er viele teilhaben liess. Er war, heisst es in Nachrufen, ein Fabrikherr und Agrarier, der sich verantwortlich fühlte für alle, die von ihm abhängig waren, und für die Stadt, der er seinen Reichtum verdankte. Er war ein Wohltäter und Förderer der Biennale d'Arte, führte den Ehrentitel Cavaliere, und kurz vor seinem Tod war ihm die Goldmedaille für besondere Verdienste verliehen worden.

Der Wandergeselle wird zum Unternehmer

Giovanni Stucky ist keiner jener Pioniere, die aus dem Nichts auftauchen. Er war bestens vorbereitet fürs Unternehmertum. Sein Vater Hans Stucky wurde 1814 in Münsingen BE geboren, in einer alten Familie von Hand-

werkern und Büchsenmachern. Auf einer Italienreise lernte der Vater die Venezianerin Domenica Forti kennen, die er später heiratete. Um 1830 wanderte er mit Domenica nach Treviso aus, um eine Wassermühle zu errichten. Sie zogen bald ins nahe Venedig, das damals noch österreichisch war.

Dort kam am 27. Mai 1843 Giovanni zur Welt. Er wächst in einem anregenden Umfeld auf. Die Mühle in Treviso bietet technischen wie ökonomischen Anschauungsunterricht, verbunden mit einem protestantischen Arbeitsethos. Die Familie ist stolz auf die Schweizer Herkunft, weilt oft in Münsingen, behält das Bürgerrecht wie auch den weiten Horizont der Auswanderer.

Als 15-Jähriger geht Giovanni auf Wanderschaft. Der blonde Jüngling ist redegewandt und kultiviert, gut aussehend und einnehmend. In Wien findet er Arbeit als Mechaniker und erweist sich als tüchtig. Zurück in Venedig, lernt er Techniker und arbeitet in der Maschinenfabrik Neville. Laut einem Schriftstück eines Nachfahren ist er danach bis 22 als Techniker bei einer grossen Firma in der Schweiz tätig. Dann wird er verantwortlich für die Installation neuer Anlagen und bereist Deutschland, Frankreich, Ungarn, die Schweiz und Italien. In den Ferien trifft er in Treviso die Österreicherin Antonietta von Kupferschein. 1867 heiraten die beiden.

Der ambitionierte Stucky baut nun in Treviso eine eigene Mühle auf, bald darauf eine Nudelfabrik. Dann kauft er die einzige dampf-

Beginn der Mühlenindustrie: Stuckys «Molino a cilindri» auf der Insel Giudecca 1884.

betriebene Mühle Venedigs und eröffnet ein Handelskontor für Getreide. Die Geschäfte laufen gut, und so fasst er einen Plan. In Ungarn hat er eine neue Technik gesehen: Statt das Korn zwischen schweren Mühlsteinen zu mahlen, wird es von zwei rotierenden Zylindern zerrieben. Dies erlaubt, Hartweizenmehl für Pasta und feines Weichweizenmehl für Brot viel effizienter als bisher herzustellen. Venedig ist ideal für eine solche Mühle, denn der Transport über Wasser ist billiger als über Land. Stucky will eine Grossmühle bauen, strategisch gut gelegen, mit Dampfantrieb, Zylindermahlwerken und moderner Organisation – das heisst: Abkehr vom Müllergewerbe und Beginn der Mühlenindustrie.

1880 schlägt Stucky zu: Auf Giudecca, der Südinsel Venedigs, wo Frachtschiffe anlegen können, kauft er das Areal des ehemaligen Konvents SS. Biagio e Cataldo. Er lässt Kloster und Kirche abreissen. Im Frühling 1884 nimmt der «Molino a cilindri» die Produktion auf, die modernste Anlage der Zeit mit einer Kapazität von 50 Tonnen täglich. 1887 sind es schon 200 Tonnen, sodass er riesige Silos erstellt.

Baustil abgelehnt, er droht mit Wegzug

1890 siedeln Stuckys mit ihren drei Töchtern und ihrem Sohn auf Giudecca über. Giovanni hat dort den Palazzo Foscari gekauft und aufwendig renoviert. Er ist mit der Mühle das erste Gebäude Venedigs mit elektrischem Licht. Das Geschäft boomt; er plant die grosse Expansion. Der Cavaliere will etwas Monumentales, das auch ästhetisch die Bedeutung seines Imperiums ausdrückt. Er beauftragt den hannoverschen Architekten Ernst Wullekopf. Stucky hat die Fabriken und Speicherstädte der deutschen Backsteingotik gesehen – so soll auch seine neue Grossmühle aussehen.

Im März 1895 steht das Projekt, ein neun Stockwerke hoher Ziegelbau mit Turm und Giebeln im hanseatischen Stil. Die Baukommission winkt ab, denn «das Projekt steht in Dissonanz mit dem Charakter aller venezianischen Fabriken und würde an diesem Ort der Stadt einen unguten Eindruck hervorrufen». Erst als der Mehlmogul mit dem Wegzug und der Entlassung von 187 Arbeitern droht, lenkt die Kommission ein. So wird der Industriekomplex hochgezogen, 1903 kommt eine Pastafabrik hinzu, 1907 weitere Silos. «Die schönste Mühle Italiens», urteilen nun die Zeitungen.

Stucky hat die grösste Mühle Europas erbaut, zugleich sein Schloss, Denkmal seines Erfolgs und Symbol des neuen Zeitalters. «Principe dei mugnai», «Fürst der Müller», wird er genannt, als er 1908 die Produktion seinem Sohn Giancarlo übergibt, der an der ETH Zürich Maschinenbau studiert hat. Giovanni selbst behält die Leitung, widmet sich der Kunst und kauft den Palazzo Grassi, eine klassizistische Residenz am Canal

Deutsche Backsteingotik: Stuckys Industriekomplex auf Giudecca 1951.

Grande, mit der er seinen Status markiert. Das Fest zum 25-Jahr-Jubiläum des Molino 1909 ist ein Society-Ereignis. Der allseits respektierte Industrielle ist im Zenit, als ihn der irre Bruniera aus dem Leben reisst.

Nach dem Tod des Patriarchen übernimmt Sohn Giancarlo. 1912, vor dem Ersten Weltkrieg, hat die Mühle ihre beste Zeit. Drei Hektaren nimmt der Komplex ein, beschäftigt 1500 Leute und produziert täglich bis 500 Tonnen Mehl und 30 Tonnen Pasta. Nach dem Krieg jedoch beginnt die Agonie. Auf Betreiben des Conte Vittorio Cini, ein anderer Industrieller, der in der Schweiz Ökonomie studiert hatte, wird nun der Industrie- und Handelshafen Marghera am Festland geplant. In den 1920er-Jahren realisieren die Faschisten das Projekt, 1933 eröffnet Mussolini zudem den Strassendamm zum Festland.

Vom Spukschloss zum Luxushotel

Stuckys Molino liegt nun abseits, verliert technologisch den Anschluss, frisst sein Kapital auf und muss in eine Aktiengesellschaft umgewandelt werden. Der Zweite Weltkrieg verschärft die Lage. 1941 nimmt sich Giancarlo Stucky das Leben. Dann beschlagnahmen deutsche Truppen die Mühle. Stuckys verkaufen die Aktienmehrheit und den Palazzo Grassi an Cini – ausgerechnet an den Konkurrenten, der ihren Untergang herbeigeführt hat.

Aber auch Conte Cini wird nicht glücklich mit dem Besitz. Nach dem Krieg wechselt der Palazzo Grassi mehrmals die Hand; heute ist er eine Kunststiftung. Auch der Molino serbelt dahin. Cini versucht eine Sanierung, aber der zu grosse, schlecht gelegene Betrieb bleibt unrentabel. 1955 wird er eingestellt, die letzten 500 Angestellten halten die Fabrik noch sechs Wochen lang besetzt, dann fällt der Vorhang.

Die Anlage zerfiel, Gestrüpp wucherte, die Backsteine zerbröselten; die Mühle wurde zur Spukruine. Viele Venezianer bezeugen, sie hätten Lichtblitze in den Fenstern gesehen: den Geist Beata Giuliana di Collaltos, die einst das Kloster gegründet hatte, das dem Molino hatte weichen müssen.

Jahrzehntelang wusste niemand, was mit der Mühle geschehen soll. 1988 stellte Venedig sie als wichtigstes Industriedenkmal unter Schutz. Schliesslich wurde ein Projekt für ein Luxushotel vorgelegt. 1998 begann die grösste denkmalschützerische Umnutzung, die Venedig je erlebte. Mittendrin brach Feuer aus, das wichtige Teile zerstörte. Weil zwei Brandherde in zwei Gebäuden ermittelt wurden, hiess es bald, hier sei wie beim Teatro La Fenice mit einer «Warmsanierung» nachgeholfen worden. Der Verdacht auf Brandstiftung liess sich jedoch nicht erhärten. Die Stadt verlangte die Rekonstruktion der Fassade; innen entfielen die Auflagen der Denkmalpflege.

2007 wurde das Hilton Molino Stucky eröffnet, Venedigs grösster Hotelkomplex mit 380 Betten, einem 1500-plätzigen Kongresszentrum, Wellness und dem einzigen Dachpool der Lagunenstadt. An Giovanni Stucky erinnert eine Büste im Garten und sein Name, der seit mehr als 100 Jahren unter der Fabrikuhr am Giebel prangt.

[oben] **Moderne Produktion: Blick in die Teigwarenfabrik 1903.**

[unten] **Neuer Glanz: Heute ist der Molino Stucky ein Luxushotel der Hilton-Gruppe.**

Captain Henry Wirz
Einer muss hängen

Captain Henry Wirz aus Zürich wurde nach dem amerikanischen Bürgerkrieg als Kriegsverbrecher gehängt. Er war der perfekte Sündenbock.

I Henry Wirz, 1823–1865.

Langsam steigt er die 15 Stufen des Holzgerüstes hoch, sein letzter Gang. Es ist der 10. November 1865. Eine Kompanie der Union hat im Capitol Prison in Washington um den Galgen Aufstellung genommen. Zuschauer drängen sich im Hof, ein paar Schaulustige sind gar auf Bäume ausserhalb des Gefängnisses geklettert. «Hang him!», rufen sie, «remember Andersonville!»

Henry Wirz, Captain der konföderierten Armee, war Kommandant des Gefangenenlagers Andersonville, wo im Sezessionskrieg Tausende Soldaten der Nordstaaten starben. Der 42-Jährige senkt den Kopf, das Urteil wird verlesen: schuldig der Verschwörung und des mehrfachen Mordes. Zwei Geistliche geben ihm das letzte Sakrament. Jetzt legt ihm ein Major die Schlinge um den Hals und murmelt, er führe nur seine Befehle aus. «Ich weiss, was Befehle sind, Major», sagt Wirz. «Ich werde gehängt, weil ich sie befolgt habe.» Noch einmal blickt er zum Capitol hinüber, dann in den Himmel. Der Major zieht ihm die Kapuze über. 10.32 Uhr: Henry Wirz hört noch das Klicken der Falltür – dann nichts mehr.

Die Öffentlichkeit reagiert mit Genugtuung. Das Gefängnis von Andersonville war die Hölle. Es wurde nach dem Krieg zum Inbegriff der Unmenschlichkeit – und Henry Wirz zum Monstrum, das alle Untaten des Rebellenregimes personifizierte.

Als der Krieg 1861 ausbrach, rechneten beide Parteien damit, dass er nur kurz dauern werde. Je länger er sich jedoch hinzog, desto stärker stieg die Zahl der Kriegsgefangenen auf beiden Seiten. 1864 richteten die Konföderierten in Andersonville in Georgia ihr grösstes Gefängnis ein, als Durchgangslager für 10 000 Insassen. Weil aber kaum mehr Gefangene ausgetauscht wurden und täglich 400 neue zuströmten, waren es bald 33 000. Monatelang vegetierten sie erbärmlich dahin.

Ende am Galgen: Henry Wirz (verdeckt) wird 1865 in Washington hingerichtet.

Das Lager war nur ein umzäuntes Areal, mit Zelten und Erdlöchern als Behausungen. Ein Bach diente oben als Wasserstelle, unten als Kloake. Wegen der Wirtschaftsblockade konnte der Süden die Truppen kaum verpflegen, erst recht darbten die Gefangenen. Für 90 Häftlinge gab es jeweils zwei Eimer Maismehlmus. Brennholz, Medikamente und Kleidung fehlten. Durchfall, Fieber, Ruhr, Skorbut und Pocken breiteten sich aus. Die ausgezehrten Insassen starben wie Fliegen. Alle Lager, im Norden wie im Süden, wiesen katastrophale Bedingungen auf. Von insgesamt 410 000 Gefangenen kamen 60 000 um. Im Norden lag die Todesrate bei 12 Prozent, im Süden bei 15. In Andersonville liessen innert 14 Monaten 13 000 von 45 000 Gefangenen ihr Leben – 29 Prozent.

Lagerkommandant Henry Wirz war eine undurchsichtige Figur. Gefangene beschrieben ihn als nervösen Mann, als Krüppel, der wegen einer Hasenscharte einer Ratte ähnelte. Ständig die «Goddam Yanks»

verfluchend in seinem fremden Akzent, sei er durchs Lager geritten und habe unbarmherzig den Schein von Ordnung durchgesetzt. «Tod auf dem Schimmel» nannten sie ihn. Grub jemand einen Fluchttunnel, strich er die Rationen. Aufmüpfige liess er zusammenketten. Betrat ein Häftling den Todesstreifen an der Palisade, schossen die Wachen sofort. Durch seine Rolle, sein Gehabe und seine Herkunft war Wirz prädestiniert, abgrundtiefen Hass auf sich zu ziehen.

Hunger, Seuchen, Massensterben: Das Andersonville Prison war bis Kriegsende 1865 die Hölle für die Insassen.

Hochstapler, Kurpfuscher, Kriegsheld

Der spätere Armee-Captain wird am 25. November 1823 als Hartmann Heinrich Wirz in Zürich geboren. Sein Vater ist Schneider und Verwalter im Kaufhaus beim Fraumünster, eine Art Zollfreilager. Heinrich lernt Kaufmann, wird 1845 Gehilfe im Kaufhaus und heiratet Emilie Oschwald, mit der er zwei Kinder hat. Dann verschwindet im Kaufhaus eine Kiste Seide. Der Verdacht fällt auf Wirz. Er bekommt wegen Unterschlagung und Betrug vier Jahre Zuchthaus. Zudem hat er 2400 Franken Schulden, sodass leichtfertiger Bankrott festgestellt wird. Nach eineinviertel Jahren wird er aus der Haft entlassen und für zwölf Jahre des Kantons verwiesen.

Während seine Frau die Scheidung vorantreibt, schifft sich Wirz 1849 nach New York ein. In den USA arbeitet er als Weber, Übersetzer und Aufseher einer Kuranstalt. Dann lernt er einen Arzt kennen, der in Hopkinsville praktiziert. 1854 beginnt er dort als Gehilfe. Er lernt Brüche zu schienen und kleinere Operationen durchzuführen. Kurz darauf arbeitet er in Cadiz selbst als Arzt – ohne Diplom, was damals aber zulässig ist. Er heiratet 1854 die Witwe Elizabeth Wolfe mit zwei Töchtern und zieht nach Louisville, wo er wieder eine Kuranstalt beaufsichtigt und eine gemeinsame Tochter zur Welt kommt. 1856 lernt er einen Plantagenherrn kennen, der ihn zum Verwalter der Pflanzung in Louisiana macht.

Der gebürtige Schweizer meldet sich früh bei der Südstaatenarmee. Seine Einheit bewacht Gefangene. Dabei fällt Wirz dem für die Gefangenenlager verantwortlichen General John H. Winder auf, der ihn zu seinem Assistenten macht. Im Mai 1862 zieht Wirz in die Schlacht von Seven Pines. Ein Minensplitter zerschmettert ihm den rechten Unterarm; er wird zeit seines Lebens nicht heilen. Nach der Schlacht befördert ihn Winder zum Captain in der Gefängnisverwaltung. Wirz wird Aufseher in Richmond, inspiziert auf einer 4000 Meilen langen Reise die Lager im Süden und sucht 6000 verschwundene Gefangenenakten. Danach erhält er vier Monate Urlaub, um den eiternden Arm in Europa zu kurieren. Via Paris reist er nach Zürich, trifft seine alte Familie und erstmals seinen Sohn. Im Februar 1864 meldet er sich wieder zum Dienst und wird Chef des Andersonville Prison.

Kriegsminister inszeniert Schauprozess

Andersonville ist bis heute ein grosser Streitpunkt der amerikanischen Geschichte. Für die einen war es ein Vernichtungslager und Henry Wirz ein gewissenloser Vollstrecker der Verbrecherregierung. Andere sehen ihn als Opfer eines Justizmords, umstrahlt vom Glorienschein des unschuldig verurteilten Märtyrers. Der Fall lässt sich jedoch nicht nach dem einfachen Muster von Schuld oder Unschuld einordnen.

Wirz' Prozess war von Anfang an politisch. Eben erst war Präsident Abraham Lincoln von einem Terroristen erschossen worden. Aus den Gefängnissen strömten die zerlumpten Überlebenden nach Norden. Die Stimmung war aufgepeitscht, die Menschen verlangten nach Sühne. Vor allem aber wollte Kriegsminister Edwin M. Stanton unbedingt die Führungsclique des Südens vor Gericht bringen. Im Prozess gegen die Lincoln-Mörder war es misslungen, den Südstaatenpräsidenten Jefferson Davis als Drahtzieher eines Rachekomplotts zu brandmarken. Das sollte nun dank Captain Wirz gelingen. Wird festgestellt, dass die Hölle von Andersonville System hatte und Wirz auf Anordnung handelte, wäre der

Boden für die Aburteilung der Rebellenregierung bereitet. Zudem konnte Stanton von eigener Schuld ablenken: Mit seiner Billigung war 1864 der Gefangenentausch gestoppt worden. Die zynische Rechnung der Generäle: Der Norden hat mehr menschliche Reserven, sodass der Süden eher ausgeblutet sein wird, wenn keine Gefangenen getauscht werden.

Alles abgekartet

Unter diesen Vorzeichen beginnt im August 1865 der zweimonatige Prozess. Die Anklage lautet auf Verschwörung mit dem Ziel, systematisch Gefangene sterben zu lassen. Zudem soll Wirz selbst 13 Insassen ermordet haben. Der Ausgang steht schon zu Beginn fest. Seit Wochen beherrscht Andersonville die Titelseiten der Presse. Die *New York Times* schreibt vorweg: «Was Hauptmann Wirz betrifft, so dürfte nachzuweisen sein, dass er seine massenmörderische Tätigkeit aufgrund von ausdrücklichen Instruktionen durch eine höhere Befehlsstelle begann. Es steht fest, dass die von ihm vorgenommenen Misshandlungen Teil eines grossangelegten Plans vonseiten des Rebellenregimes sind.»

Juristisch ist der Prozess eine Farce. Nur schon, dass ein Militärtribunal urteilt statt ein Zivilgericht, ist fragwürdig. Der Staatsanwalt hat alle Macht: Er entscheidet über die Zulassung von Zeugen und stellt die Fragen. Er ist bei den Beratungen der Richter dabei. Die Anwälte legen ihr Mandat unter Protest nieder, weil sie ausgeschlossen sind, keine Zeit und Akteneinsicht erhalten. In der Schweizer Kolonie wird Geld gesammelt, um eine richtige Verteidigung zu ermöglichen. Aber der Schweizer Generalkonsul lehnt ab, das Geld zu verwalten, denn er will Wirz' Herkunft möglichst verschleiern. Als einziger Verteidiger bleibt der deutschstämmige Louis Schade, der ihm bis zum Ende beisteht.

Der Staatsanwalt ruft 160 Zeugen auf. Belastungszeugen werden gekauft oder belohnt, Entlastungszeugen abgewiesen, eingeschüchtert und verleumdet. Kein einziges Dokument und kein Zeuge stützen die These der planmässigen Vernichtung. Das Hauptargument, Wirz habe auf die Versorgungsmängel keinen Einfluss gehabt, wird unterdrückt.

Ebenso bleibt ausgeblendet, dass die Union die Lage selbst verschlimmerte: Sie hatte mehrfach einen Gefangenenaustausch ausgeschlagen und Medikamente mit einem Embargo belegt. Vor allem aber hatte eine Nordarmee unter General William T. Sherman auf ihrem Verwüstungszug durch Georgia die Bahnlinie zum Lager zerstört und war daran vorbeimarschiert, ohne die Waffenbrüder zu befreien. Dass Henry Wirz als Soldat im Befehlsnotstand handelte, wird ignoriert. Ebenso, dass er eine Bäckerei baute, bessere Rationen erwirkte, das Lager erweiterte und ein Dammprojekt begann.

Auch beim Vorwurf Mord ist die Anklage ein Hohn: Von 160 Zeugen sagen 145, sie wüssten nichts davon. 15 Zeugen schildern die Taten zwar plastisch, können aber keinen Namen oder Zeitpunkt nennen. In sechs Punkten ändert der Staatsanwalt die Anklage später passend ab.

Trotz aller Verfahrensmängel, Unklarheiten und Manipulationen verurteilt das Gericht Wirz einstimmig der Verschwörung und des zehnfachen Mordes. Gnadengesuche bleiben erfolglos. Hingegen macht ein Mittelsmann der Regierung ein Angebot: Wenn Captain Wirz den Rebellenpräsidenten Davis direkt für die Zustände im Lager verantwortlich mache, werde die Todesstrafe in Haft umgewandelt. Wirz weigert sich und betont: «Jefferson Davis hatte keine Verbindung zu mir und zu dem, was in Andersonville geschah. Und wenn ich irgendetwas über ihn wüsste, würde ich nicht zum Verräter an ihm oder sonst jemandem werden, nicht einmal, um mein Leben zu retten.»

Henry Wirz' letzte Worte: «Ich werde gehängt, weil ich Befehle befolgt habe.»

Späte Korrektur

Nach Wirz' Hinrichtung wurden keine weiteren Lagerchefs verfolgt, und auch die Führungsriege der Südstaaten kam bald frei. So blieb Henry Wirz der einzige Armeeangehörige, der am Galgen endete. Sein Fall ist inzwischen in mehreren Studien aufgearbeitet worden. Die Forscher sind sich einig, dass der Prozess unfair war, und tendieren dazu, Wirz in Schutz zu nehmen. Ein Unschuldslamm sei er nicht gewesen, denn er hätte durchaus Brennholz schlagen und Lebensmittel requirieren können. Er sei vielmehr ein hilfloser, überforderter Bürokrat gewesen, der sich an Befehle klammerte, statt selbst zu handeln. Versagt hat in Andersonville das ganze Haftsystem der Konföderation. Aber aus politischen Gründen wurde ein Einzelner verantwortlich gemacht.

Lincolns Kabinett wollte den Süden zurück in die Union führen und den Eindruck vermeiden, der Sieger unterdrücke den Verlierer. An Henry Wirz konnte man jedoch Härte demonstrieren und zugleich ein Zeichen der Aussöhnung geben. Einer musste hängen für die Untaten des Südens – und Henry Wirz war der perfekte Sündenbock: Er war nicht Soldat auf dem Schlachtfeld, sondern kommandierte ein Todeslager. Er hatte nirgendwo Rückhalt. Er hatte eine unrühmliche Vorgeschichte. Und er war ein Ausländer: «Thank God he is not of American origin!», frohlockte eine Zeitung.

Wirz' Leiche wurde auf den Old Arsenal Grounds verscharrt, neben George Atzerodt, einem Mitverschwörer im Attentat auf Lincoln. Erst 1869 kamen die Überreste auf den Friedhof Mount Olivet in Washington. Dort gibt es noch eine Grabplatte mit der Inschrift «Confederate Hero – Martyr». In Andersonville steht seit 1909 ein Denkmal, das Henry Wirz als Opfer der Umstände und der Siegerjustiz bezeichnet. Veteranenvereine halten das Andenken hoch.

Für Wirz' Rehabilitierung setzt sich auch sein 75-jähriger Urgrossneffe Heinrich L. Wirz ein. Er sammelt in seiner Schreibwerkstatt in Bremgarten Dokumente und plant ein Quellenwerk. «Ein Revisionsverfahren an einem Militärgericht würde viel Zeit und Geld kosten», sagt er. Aber immerhin gebe es inzwischen sieben wissenschaftliche Arbeiten, die eine Neubewertung ermöglichen. So könnte sich eine Hoffnung, die Captain Wirz am Ende äusserte, erfüllen: «Mein Leben wird verlangt als Wiedergutmachung. Ich bin bereit, es zu geben, und hoffe, dass man mich nach einer gewissen Zeit anders beurteilen wird, als es heute geschieht.»

Jakob Ammann
Der Fundi aus dem Simmental

Er ist in seinem Leben nur vom Bernbiet bis ins Elsass gelangt – aber von da stracks in die Ewigkeit. Jakob Ammann hat etwas erschaffen, was seit mehr als 300 Jahren fast unverändert besteht und jeder kennt – die Täufergemeinschaft der Amischen.

I Jakob Ammann, 1644–1708 (?).

Jakob Ammann bebt vor Zorn, als ihm der Gemeindevorsteher von Trachselwald die Fesseln anlegt. Der 50-Jährige mit der hohen Stirn und der energischen Nase ist schlecht zu sprechen auf die Berner Obrigkeit, die ihn seit Jahren verfolgt. Jetzt, Anfang Juli 1694, haben sie ihn in Walkringen im Emmental erwischt und auch den verfänglichen Brief mit Unterschriften von Bernbieter Täufern entdeckt. Er hat sich widersetzt und bös geschimpft. Schliesslich ist er ja nicht irgendwer, sondern der Jaggi Ammann aus Erlenbach im Simmental, spiritueller Führer der Täufer und ein Rebell in heiliger Mission.

Er hatte im Elsass Zuflucht gefunden und ist nun zu einer Pastoralreise zurückgekehrt. Im Bernbiet hat er Landsleute getroffen, um seine Lehre zu verbreiten und sie für seine Exilgemeinde zu gewinnen. Vor allem will er einen Streit mit einem anderen Täuferältesten ausfechten, der es wagt, ihm zu widersprechen. Nun führen ihn drei Bewacher ab, alles scheint misslungen. Er redet auf sie ein. Und nach einer Weile lassen sie ihn tatsächlich laufen. Der Amtmann von Trachselwald hat ihn nämlich ausserhalb seines Hoheitsgebiets geschnappt, und der für Walkringen zuständige Gemeindechef entpuppt sich als Täuferfreund. So entrinnt Ammann um Haaresbreite. Sonst hätten ihn die gnädigen Herren von Bern eingelocht, ausgepeitscht, enteignet und deportiert. Jaggi Ammann wäre jedenfalls in der Versenkung verschwunden und mit ihm seine Mission.

Späte Nachfahren: 250 000 Amische leben heute in den USA und Kanada.

Täufer werden brutal verfolgt

Die Täufer waren im Umfeld des Reformators Ulrich Zwingli (1484–1531) entstanden. Sie lehnten jedoch die Säuglingstaufe als unbiblisch ab und propagierten die Taufe als bewussten Akt von Erwachsenen. 1525 kam es im Haus ihres Vordenkers Felix Manz in Zürich zur ersten Erwachsenentaufe und damit zur Geburt der «Anabaptisten». Mit der Erwachsenentaufe lösten sie allerdings das Band zwischen Kirchgemeinde und Bürgerschaft und zersetzten so aus Sicht der Oberen die Kirche, die Justiz und die politische Hierarchie.

Die Wiedertäuferei wurde verboten, aufs Predigen stand die Todesstrafe. 1527 ertränkte die Stadt Zürich Felix Manz in der Limmat, andere Täufer starben im Feuer oder im Kerker. Sie liessen sich aber nicht unterkriegen. Besonders im Bernbiet, in Süddeutschland, Elsass, Tirol, Norddeutschland und den Niederlanden bildeten sich viele Gruppen. Sie hielten Gottesdienste in Scheunen und Privathäusern ab, pflegten eigene Regeln und Riten. Vor allem verweigerten sie den Treueid, mit dem Untertanen im Ancien Régime dem Staat Gehorsam geloben mussten.

Als nach dem Dreissigjährigen Krieg Mitte des 17. Jahrhunderts weite Gebiete Europas verwüstet waren und Arbeitskräfte fehlten, mässigte sich die Verfolgung etwas. Staatsfeinde blieben die Täufer dennoch. In der Schweiz richtete man sie zwar nicht mehr sofort hin, büsste sie aber hart und deportierte sie. 1670 verfügte Bern, dass Eidverweigerer innerhalb zweier Wochen ausgeschafft würden. Falls sie zurückkehrten, würden sie getötet. Auch Helfern drohten schwere Strafen.

Die vereitelte Verhaftung von Jaggi Ammann 1694 war also eine Staatsaffäre, hatten doch Amtsträger den seit 15 Jahren gesuchten Unruhestifter entwischen lassen. Berns Regierung wies den Thorberger Landvogt an, Ammann umgehend wieder festzunehmen, ebenso die fehlbaren Bewacher und möglichst auch die Unterzeichner des Briefs, um «sie alle sambt undt sonders gfanklich undt gwahrsamlich dem Herrn Grossweibel alhier zu schiken».

Ammann wird zum Fundamentalisten

Wer war dieser Jakob Ammann? Viele Spuren hat er nicht hinterlassen, und was aus Archiven aufgetaucht ist, gibt nur ein vages Bild. Zudem machen verschiedene Schreibweisen wie «Amme», «Amman», «Ammen» und «Amen» die Rekonstruktion schwierig. Weitgehend sicher ist, dass er in Erlenbach als Sohn von Schneidermeister Michael Ammann und Anna Rupp als drittes von sechs Kindern zur Welt kam und am 12. Februar 1644 getauft wurde. 1651 zog die Familie nach Oberhofen am Thunersee. 20 Jahre später kehrten die Eltern zurück nach Erlenbach. Jakob, ebenfalls Schneider, blieb in Oberhofen und heiratete kirchlich Verena Stündler, mit der er zwei Kinder hatte.

Um 1680 tritt Ammann zum Täufertum über und wird vom Emmentaler Täuferleiter Hans Reist zum Ältesten seiner Gemeinde ernannt. In jenem Sommer fällt er erstmals den Berner Behörden auf und wird vorgeladen. Der Vogt erkundigt sich danach beim Chorgericht, wie er mit dem «von der taüfferischen sect angestekten Jacob Amen» verfahren solle. Die Regierung verfügt, ihn «nochmalen zu examinieren undt durch güetliches zusprechen fleiss anzuwenden, denselben wider auf den rechten wääg zubringen». Weigere er sich, solle man ihn verbannen und ihn im Fall einer Rückkehr «nit anders alss einen meineidigen straffen und mit ruohten aussschmeitzen».

Ammann zieht ins Elsass, wo Täufer geduldet werden und sich schon viele aus dem Bernbiet angesiedelt haben. In Heidolsheim taucht sein Name 1693 auf. Den Täufern dort wirft er bald vor, sie verkehrten zu stark mit den Reformierten und hätten sich «der Welt gleichgestellt». Ammann entwickelt sich rasch zum konservativen Fundamentalisten. Er fordert gestützt auf das Dordrechter Bekenntnis der niederländischen Mennoniten von 1632 eine radikale Rückkehr zu Glaubensregeln, die die

Gemeinde reinhalten soll. Seine Doktrin verlangt nicht nur die Absonderung von Welt und Kirche, sondern auch, dass sich die Mitglieder rituell die Füsse waschen, Männer Bärte und Frauen Hauben tragen und sich alle Mitglieder schlicht und gleich kleiden. Grösste Spannungen ergeben sich in drei Punkten: In der Frage der «Meidung» besteht Ammann darauf, dass die Gemeinde Leute nach gravierenden Regelverstössen sozial vollständig isoliert. Gebannte sollen nicht nur vom Tisch, sondern auch von ihren Familien und Ehegatten getrennt werden. Er verlangt zudem, Lügner zu bannen. Und er besteht darauf, dass die «Treuherzigen», also Täufersympathisanten in der Staatskirche, das Heil nicht erlangen könnten. Bei den elsässischen Täufern setzt er sich durch. Hans Reist aber, sein früherer Lehrer, widerspricht ihm heftig.

Ja oder Nein

So kommt es, dass Ammann im Sommer 1693 mit Elsässer Gemeindeleitern ins Bernbiet aufbricht. Er zieht umher, predigt, sucht das Duell mit Reist. Einem Treffen in Friedersmatt bleibt dieser jedoch fern, einem zweiten ebenso. Im religiösen Furor exkommuniziert Ammann Reist kurzerhand. Als fünf Prediger das missbilligen, bannt er auch sie und noch drei weitere. Damit ist die Spaltung der Täufer vollzogen. Von nun an gibt es die «Reistleut» um Hans Reist und die «Ammannischen» oder «Amischen», die ihrem Glaubensstifter folgen.

Jetzt schreitet Jaggi Ammann zur Säuberung: Ende 1693 lässt er eine «Warnungsschrift» zirkulieren, ein Ultimatum an alle Täufer, bis am 7. März 1694 bei ihm anzutraben und den strittigen Punkten zuzustimmen. «So ihr aber auf diese bestimmte Zeit nicht erscheinen wollt euch zu verantworten, so sollt ihr mit den Ausgebannten nach meiner Lehre und Glauben von uns Dienern und Ältesten und sonderlich von mir Jaggi Ammann als sektische Menschen aus der Gemeinde Gottes geschlossen sein und gescheut und gemieden werden bis auf die Zeit eurer Bekehrung nach Gottes Wort.»

Seine Aktivitäten bleiben den Berner Behörden nicht verborgen. Die Regierung setzt ein Kopfgeld auf ihn aus: «Wir haben der nohtdurfften erachtet Jaggi Amman, einen im landt hin undt her streifenden ertz-teüffer alless ernsts nachforschen zulossen, in so weith, dass derjenige, so denselben entdeken und liefern wirdt, ein hundert Thaler von unss zu gewarten haben solle.» Elsässische, pfälzische und schweizerische Gemeindeleiter rufen Ammann derweil zur Mässigung auf. Aber er bannt alle seine Gegner und bleibt unauffindbar – auch für einen Landjäger, den Bern ausschickt. Und als man den religiösen Eiferer in Walkringen endlich fasst, schlüpft er durch die Maschen.

Amische Jünger in aller Welt

Ammann flüchtet danach zurück ins Elsass. Ab 1695 lebt er in La Petite Lièpvre bei Sainte-Marie-aux-Mines in den Vogesen. Er tritt vor allem als Bürge bei Amtsgeschäften auf, sorgt dafür, dass die Amischen sich vom Militär freikaufen können, betreut seine Gemeinde, die viel Zuwachs aus dem Bernbiet erfährt, und hält Kontakt zu amischen Gruppen, die in der weiteren Umgebung entstehen. Behörden und Einwohner nennen ihn nun «Patriarch».

Um 1700 bereut er den Bann gegen die Glaubensbrüder. «Wir bekennen mit diesem strittigen Handel und des strengen Bannes, den wir gegen euch gebraucht haben in dem Schweizerland, dass wir darin übel gefehlt haben», schreibt Ammann, bittet um Geduld und bietet gar die Selbstbannung an. Aber der Bruch mit den «Reistleuten» ist nicht zu kitten. 1708 erscheint sein Name letztmals auf einer Liste mit 60 Täufern der Region. Er ist nun 64 Jahre alt. Dann verliert sich die Spur. Wann Jaggi Ammann starb und wo er begraben liegt, ist nicht bekannt.

Die Toleranz mit den Amischen im Elsass schwand bald. Frankreichs König Louis XIV. duldete nur noch die katholische Kirche und liess 1712 alle Täufer ausweisen. Ammann hatte mit seiner Lehre jedoch eine so starke Gruppenidentität aufgebaut, dass die Amischen weiter streng ihre Sitten pflegten. Sie wanderten aus in reichsdeutsche Gebiete wie Mömpelgard (Montbéliard), Lothringen, Saarland, Pfalz und Bayern, andere gingen in die USA, mit Glaubensbrüdern aus der Schweiz. Ziel war Pennsylvania. William Penn (1644–1718), Quäker und Sohn des Namensgebers des Staates, hatte dort ein «heiliges Experiment» gestartet und alle Glaubensverfolgten hergebeten. Erste grössere amische Gruppen erreichten Lancaster County 1720 bis 1730. Die meisten brachen zwischen 1789 und 1815 auf und liessen sich in Ohio, Indiana, Wisconsin und weiteren 20 Staaten nieder.

Heute gibt es – auch wegen ihrer hohen Geburtenrate – in den USA und Kanada rund 250 000 Amische in 427 Gemeinden. Sie bezeichnen sich als Old Order Amish und befolgen immer noch die alten Regeln. Jaggi Ammann aus Erlenbach hat es fertiggebracht, eine Gemeinschaft zu stiften, die den Erhalt der Gruppe weit über das Individuum stellt, sich fast jedem Fortschritt entzieht und seit mehr als 300 Jahren Bestand hat.

Hans Stierlin

Fidel Castro der Kühlschränke

Frische für alle – der Ingenieur Hans Stierlin hat es ermöglicht. Er gründete Sibir und brachte den «Volkskühlschrank» in die Schweizer Haushalte. Als marxistischer Unternehmer scheiterte er, aber seine Technik ist brandheiss.

I Hans Stierlin, 1916–1998.

Der 16-Jährige steht in Tramelan im Berner Jura an der Drehbank und bohrt und feilt und fräst. Das liegt ihm mehr als Englischvokabeln und Geschichtsdaten, mit denen ihn die Lehrer am mathematisch-naturwissenschaftlichen Gymnasium in Basel plagen. Hans Stierlin, am 23. Dezember 1916 in Zürich geboren, ist im Frühjahr 1932 in der Schule sitzen geblieben. So hat der Vater, ein ehemaliger Physiklehrer, kurzerhand ein Praktikum organisiert in einer Fabrik, die Einzelteile für die Uhrenindustrie herstellt. Stierlin arbeitet von Mai bis September 1932 dort – und was er erlebt, wird sein Leben prägen.

Kurz vor der Matur beschreibt er in einer Semesterarbeit die damaligen Eindrücke. «Man schickte mich nach Tramelan, damit ich lerne, etwas zu arbeiten. Und ich lernte es!» Der Schüler erfährt nicht nur, was zwei Überstunden am Tag bedeuten, sondern sieht auch den Direktor in seiner Villa, die Arbeiter in ihren ärmlichen Stuben und das Elend der arbeitslosen Kollegen. «Es berührte mich stark, ich dachte in langen Nächten darüber nach. Und ich beschloss, eine riesengrosse, für das Wohl der Arbeiter sorgende Fabrik zu gründen», notiert er. «Schöne, weisse, helle Räume würden entstehen, grosse Parks, kostenlose Spitäler und vieles andere mehr. Ja, eine neue, bessere Welt wollte ich begründen, eine Welt, die alles Schlechte wegreissen und nur das Ideale aufbauen würde.» Der Bursche ahnt nicht, wie nah er der Verwirklichung seines Traums kommen wird. «Tramelan war seine politische Initiation und der Aufsatz die Skizze seines Lebensplans», sagt sein heute 65-jähriger Sohn Peter Stierlin, der seinen Vater bei Aufstieg und Fall eng begleitet hat.

«Kühlschrank für jedermann»: Prospekt für das Wandmodell W-60 Ende der fünfziger Jahre.

Trotzkist und Tüftler

Hans Stierlin macht 1936 die Matura und beginnt an der ETH Maschineningenieur zu studieren. Er schliesst sich der trotzkistischen Bewegung an und setzt sich 1939 in den Kopf, den russischen Revolutionär Leo Trotzki im Exil in Mexiko zu besuchen. So reist er nach Guatemala zu seiner Schwester Margret, aber bevor er es zu Trotzki schafft, überfällt Nazideutschland Polen. Obwohl Antimilitarist, kehrt er zurück in die Schweiz und leistet zwei Jahre Aktivdienst bei den Fliegertruppen. Nebenher beendet er sein Studium und heuert dann bei Escher-Wyss in Zürich im Turbinenbau an.

Doch Stierlin will mehr. 1942 beginnt er in einer Garage an der Bolleystrasse in Zürich zu tüfteln. Mit einem Studienfreund, dem Elektroingenieur Max Horlacher, experimentiert er nächtens mit der Absorptionstechnik. Dieser Prozess zur Kälteerzeugung ist schon alt und wird neben dem Kompressionsverfahren seit Jahrzehnten industriell genutzt. Zu Hause jedoch kühlen die Menschen ihre Ware meist noch in Truhen mit

Stetiger Aufschwung: Ein Arbeiter setzt die neuen Rahmen aus Bakelit auf die Kühlschranktüren (1953).

Eisstücken aus der Fabrik oder gehen an ihr Eisfach im Quartierkühlhaus. Es gibt zwar schon Kühlgeräte für den Haushalt, aber sie sind riesig, laut und teuer. Stierlin weiss, dass ein Patent der schwedischen Electrolux für die Absorption bald ausläuft und sieht seine Chance. «Wir machen einen Kühlschrank für den kleinen Mann. Das gibt es noch nicht. Das hat Zukunft», sagt er.

Im November 1944 ist es so weit: Stierlin gründet die Sibir GmbH. Der Vater leiht Geld. Stierlins Frau, die in Russland geborene Soja Stierlin-Weber, ist Ärztin am Universitätsspital und gibt finanziellen Rückhalt. Ein Angestellter sägt Rohre. Stierlin und Horlacher bauen die ersten Aggregate und Kästen zusammen. Da Metall rar ist, basteln sie die ersten Modelle aus Holz, Draht, Korkplatten und Gips. Bald wird die Garage zu eng. Sie mieten sich in Schlieren bei einer Schreinerei ein. Im ersten Jahr schaffen sie fünfzig Schränke. Der Sibir mit 40 Litern Inhalt schlägt ein, denn er ist praktisch, zuverlässig und geräuschlos. Vor allem aber ist er mit 250 Franken massiv billiger als alle Konkurrenten. «Sibir – der Kühlschrank für jedermann» lautet der Slogan. Der Aufstieg beginnt.

Alle wollen den Volkskühlschrank

1947 brennt die Schlieremer Schreinerei ab und Stierlin kann das Land kaufen. Mit der Belegschaft, nun schon 40 Leute, baut er eine neue Fabrik. 1953 stösst Sibir schon 20 000 Kühlschränke pro Jahr aus, bringt bald auch grössere Modelle auf den Markt und spielt die Konkurrenz an die Wand. Sibir wird zum Gattungsbegriff und zum Symbol des Aufschwungs. Selbstbewusst gibt Stierlin fünf Jahre Vollgarantie. «Briefe zufriedener Kunden, Lektüre für traurige Stunden», schreibt er auf einen Ordner, in dem er die Fanpost sammelt.

«Mein Vater war ein begabter Ingenieur und hatte Glück», sagt Peter Stierlin. «In der Nachkriegszeit boomte der Wohnbau, der Markt wartete darauf, gefüllt zu werden.» Hans Stierlin sah seine Apparate als Hilfe besonders für ärmere Leute. In einem Fachartikel plädierte er 1958 für Kühlschränke auch im sozialen Wohnbau. «Allgemein wird erkannt, dass die Betriebskosten eines Kühlschrankes mehr als aufgewogen werden durch die Ersparnisse, die sich durch ihn erzielen lassen, schützt er doch die Nahrungsmittel vor Verderb, sodass keine saure Milch mehr weggeschüttet und keine Resten mehr, um des ‹schönen Wetters› willen über Appetit und Bekömmlichkeit hinaus unbedingt aufgegessen werden müssen.» Bis 1945 sei der Apparat ein Privileg der «oberen 10 000» gewesen, nun seien bereits ein Viertel aller Küchen ausgerüstet. «Eine Art Volkskühlschrank mit 40 bis 60 Litern Inhalt, auf dem Absorptionsprinzip beruhend, scheint sich endgültig durchgesetzt zu haben.»

Alle Welt will einen Sibir. Anfang der 1970er-Jahre produziert Sibir 50 000 Apparate im Jahr und zählt 400 Mitarbeiter, exportiert in 40 Länder und vergibt Lizenzen ins Ausland, wo bald mehr Sibir-Schränke gebaut werden als in der Schweiz. «Sogar ein Eskimo würde einen Sibir kaufen», heisst es im Volksmund. «Es war die ureigene Leistung meines Vaters, dass er den Absorberkühlschrank haushalttauglich machte», sagt Peter Stierlin. «Er hat ihn popularisiert und als Volkskühlschrank für alle erschwinglich gemacht.»

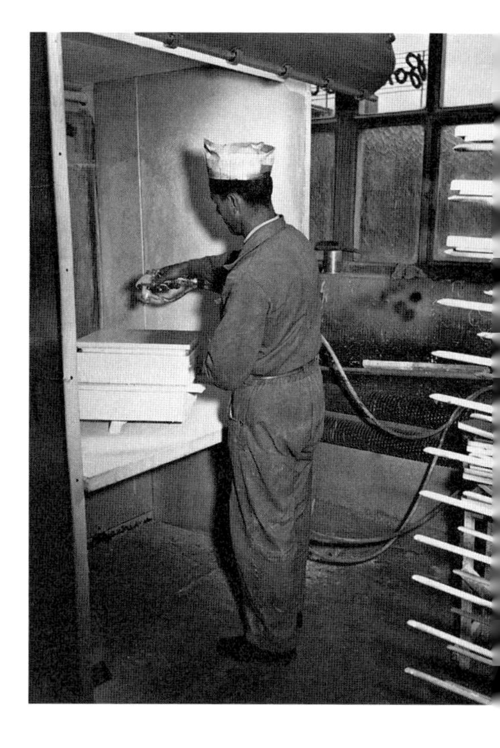

Kälte in Weiss: Bauteile erhalten ihren Anstrich.

Ford und Marx vereint

Hans Stierlin setzt von Anfang an auf Automation und Fliessbandfertigung. Er weiss, dass er nur massenhaft und billig produzieren kann, wenn er wie der Autobauer Henry Ford den Arbeitsprozess zerlegt und rationalisiert. Trotzdem will er als Linker eine humane Fabrik betreiben, wie er sie sich als Junge erträumt hat. Was er einführt, ist revolutionär: Es gilt die 40-Stunden-Woche, er zahlt massiv besser, lässt nie Akkord arbeiten, sondern setzt auf eine Rentabilitätsbeteiligung, gewährt drei Wochen Ferien, richtet eine Fürsorgestiftung ein, kündigt nie und beschäftigt viele linke Aktivisten, die sonst keine Arbeit finden.

Besonderes Aufsehen erregt der «Einheitslohn»: Ob Handlanger oder Fachkraft, alle Arbeiter verdienen gleich viel, bis zum Doppelten wie in vergleichbaren industriellen Betrieben. Sohn Peter Stierlin warnt jedoch vor einer Idealisierung. Das Lohnsystem konnte nie konsequent durchgesetzt werden. Weil Kaderleute sonst nicht zu Sibir gekommen wären, bekamen Vorarbeiter etwas mehr und höhere Angestellte deutlich mehr. Sich selbst zahlte Stierlin zu jener Zeit nur 5000 Franken, und er fuhr ostentativ einen verbeulten VW-Käfer.

Hans Stierlin gewährt sogar eine Art Mitbestimmung, in dem die Belegschaft jährlich über 5 Prozent des Gewinns bestimmt. Als der «Investitionsrat» jedoch einmal statt einer Kinderkrippe oder einer Kantine vorschlägt, eine Autowerkstatt für den Privatgebrauch einzurichten, lehnt Stierlin ab. Das sei ja nur für die Autobesitzer in der Belegschaft. Stattdessen wird ein Park für alle gebaut, mit Spielplatz, Boccia-Bahn und Grill.

Auf die Gewerkschaften ist Stierlin nicht gut zu sprechen. Beda Moor, heute Leitungsmitglied der Unia, bekommt das zu spüren, als er 1978 als Grünschnabel bei der Metallergewerkschaft Smuv mit dem über Sechzigjährigen reden will. Hans Stierlin sei ein ernsthafter, energischer Typ gewesen, der genau wusste, was er will, erzählt Moor. «Bei der Aussprache sagte er barsch: Ich brauche keine Zusammenarbeit mit den Gewerkschaften. Ich bin selbst ein Linker.» Moor bemerkte darauf, viele Sibir-Arbeiter seien beim Smuv und erwarteten einen Gesamtarbeitsvertrag. «Da wurde er knallrot und donnerte: ‹Sagen Sie mir etwas im GAV, das ich nicht schon eingeführt habe!›» Er brauche keinen Vertrag und schaue für seine Leute. «Stierlin hat den Smuv links überholt. Aber er war ein Patron, der sich von niemandem dreinreden liess», erinnert sich Moor.

Ähnlich sieht es Peter Stierlin. Mit Sibir sei im Leben seines Vaters ein Widerspruch entstanden. Er wurde Besitzer einer grossen Firma, also «Kapitalist». Er führte die Sibir patriarchal, aber nicht aus Geld- oder Machtgier, sondern weil er Chaos fürchtete und glaubte, er könne es als Einziger richtig. «Das war seine Tragik, denn das biss sich mit seinen politischen Überzeugungen.» Der Patron, mittlerweile als einer der zehn führenden Absorptionstechniker weltweit mit dem Ehrendoktor der ETH bedacht, zog überall die Fäden, in Entwicklung, Produktion, Finanzen. «Er hat nie begriffen, dass er Strukturen aufbauen sollte, die ohne ihn funktionieren.» Auch als nach einer Krebsoperation und zwei Herzanfällen seine Kraft schwand, habe er niemanden neben sich geduldet und sich zugleich von der Realität abgekoppelt. «Ein typisches Fidel-Castro-Phänomen», sagt Peter Stierlin.

Langsamer Niedergang

In den 1970er-Jahren gerät die Firma in Schieflage. Ursache dafür sind mehrere betriebliche Fehlentscheide und ein verschärftes Marktumfeld. Stierlin hat nie Reserven angelegt, denn Boden, Häuser und Aktien zu kaufen, findet er kapitalistisch. Sibir hält auch riesige Lager, die viel Kapital binden. Zudem kriselt der Bausektor, der Markt wird enger und die Kompressionskühlschränke besser, billiger und sparsamer. Sibir reagiert darauf, indem sie ein neues Gerät mit 30 Prozent weniger Stromverbrauch entwickelt. Aber es geht zu früh auf den Markt, sodass viele teure Garantiefälle entstehen.

Grosser Absatz: Ein Arbeiter baut Innengehäuse und Frontpartie zusammen.

Als Alternative setzt Hans Stierlin nun stark auf Wohnmobil- und Camping-Kühlgeräte, denn Absorption funktioniert auch mit Gas oder Petrol. Allerdings baut er ein Klumpenrisiko auf: Ein Drittel der Produktion, 28 000 Geräte jährlich, gehen an einen einzigen Hersteller von Wohnmobilen in den USA. «Das war der Anfang vom Ende», sagt Peter Stierlin. Eines Tages leuchtet das Lichtlein am Telex. Die Hiobsbotschaft des Abnehmers: Wegen der Ölkrise kaufe niemand mehr Wohnmobile, man habe noch 5000 Kühlgeräte und brauche keine mehr. Punkt. «Es heisst, mein Vater sei ein genialer Techniker und Visionär gewesen, aber ein schlechter Kaufmann. Da ist etwas dran», so Peter Stierlin. «Aber nicht weil er nicht gekonnt hätte, sondern weil er nicht wollte. Er war kein Klinkenputzer, er wollte entwickeln und produzieren.»

1978 bittet der Vater den Sohn, der eigentlich Filmemacher ist, in der Geschäftsleitung mitzuarbeiten. Peter Stierlin ist der Einzige, der ihm in dieser angespannten Situation harte Wahrheiten sagen kann. Die Schulden sind inzwischen auf 17 Millionen Franken angewachsen, man erwägt Reorganisationen. 1984 dreht die Hausbank den Geldhahn zu. Für eine Umschuldung verlangt die neue Bank, dass der alte Patron ausscheidet. «Er schimpfte auf die Banken und verkannte das finanzielle Debakel völlig», erinnert sich Peter Stierlin.

Die Firma ist dem Gründer über den Kopf gewachsen, die Krise kann der inzwischen 68-Jährige nicht mehr meistern. Drei neue Leute werden in die Firma geholt. 1986 übernehmen sie die Aktien der Familie für 20 Millionen Franken. 18 Millionen gehen sofort zur Schuldentilgung drauf, sodass Hans Stierlin aus der Sibir, die zur besten Zeit 70 bis 80 Millionen Franken wert war, noch zwei Millionen löst. Nach einer harten Sanierung mit Entlassungen und Lohnabbau stellt Sibir schliesslich die Kühlschrank-Produktion ein und wird 1990 als reine Handels- und Service-Organisation von V-Zug übernommen.

Die Stierlin-Pumpe kommt zurück

Es wurmt Hans Stierlin, dass er Sibir loslassen muss und sein Jugendtraum von der humanen Firma mit Pärken und Spital zerbricht. Zugleich ist er froh, die Last los zu sein. Sofort stürzt er sich mit dem Erlös in ein neues Projekt: die Diffusions-Absorptionswärmepumpe (DAWP). Absorption lässt sich auch in umgekehrter Richtung nutzen: Statt Kälte im Kühlschrank zu erzeugen, will Stierlin nun Wärme in Einfamilienhäuser bringen. Er baut in seinem Haus in Schlieren einen Prototyp ein und rechnet mit einer raschen Marktreife. Allerdings dauert es zehn Jahre, bis er 1996 eine Lizenz an den Heizungsbauer Buderus verkaufen kann. «Mein Vater erlebte noch, wie die ersten zehn in Holland produzierten DAWP in den Feldversuch gingen. Das war ihm wichtig», erzählt Peter Stierlin. Heute beweisen Dutzende von Stierlin-Pumpen in Testanlagen die Tauglichkeit der Technik.

Hans Stierlin hat als Unternehmergenosse in Schlieren technisch und sozial Bahnbrechendes verwirklicht. Er starb im März 1998 mit 82 Jahren. Der «Volkskühlschrank» ist heute Allgemeingut und das Problem der Kühlung im Haushalt gelöst. Heizen im Haushalt hingegen ist mit den fossilen Brennstoffen zum Umweltproblem geworden. Mit der Absorptionswärmepumpe könnte eine Lösung kommen, die in Stierlins Garage ihren Anfang genommen hatte.

Oscar Tschirky
Bei ihm ist die Weltprominenz zu Gast

Oscar Tschirky aus La Chaux-de-Fonds hat das Hotel Waldorf-Astoria in New York zum Treffpunkt der High Society gemacht und Gaumenfreuden erschaffen, die heute noch in aller Munde sind.

I Oscar Tschirky, 1866–1950.

«Wer ist denn bloss dieser Mister Tschirky?» Vergeblich sucht die Telefonistin die Gästeliste ab. «Telephone call for Mister Tschirky!», tönt es aus den Lautsprechern. Auf allen 17 Stockwerken des Hotels Waldorf-Astoria in Manhattan wird er ausgerufen. «Mister Tschirky, telephone please!», schallt es durch die Flure mit den dicken Teppichen, durch die Marmorhallen und Prunksäle. Aber der rätselhafte Mr. Tschirky bleibt unauffindbar.

Frau Tschirky am anderen Ende der Leitung amüsiert sich köstlich. Zum Spass hat sie ihren Mann mit dem Nachnamen ausrufen lassen. Aber den kennt niemand im Hotel, nicht einmal er selber reagiert darauf. Schlicht vergessen hat er ihn, denn er ist für alle einfach nur Oscar – Maître d'Hôtel im elegantesten Hotel der Welt.

Verloren hat Oscar Tschirky seinen Nachnamen mit 27 Jahren, als er 1893 beim Hotel Waldorf anfing. Niemand kann Tschirky aussprechen, ohne über den Konsonantenhaufen zu stolpern. So nennen ihn Direktor, Mitarbeiter und Gäste einfach Oscar of the Waldorf. «Ich fand, dies sei Titel genug, und war stolz darauf», sagte Tschirky in seiner Biografie. «Er tönte gut, substanziell, als wäre ich wirklich ein Teil des ‹Waldorf›. Ich hätte auf keinen besseren hoffen können, wenn ich mich selbst benannt hätte. Es war das Beste, dass ich das nie tat. Das Publikum hat mir meinen Namen gegeben.»

Aufstrebender Jüngling: Oscar Tschirky um 1885.

Auf Du und Du mit der Prominenz

Oscar Tschirky war der berühmteste Gastgeber, den es in den USA je gab. 50 Jahre lang war er die Seele des «Waldorf-Astoria», obwohl er die Funktion des Direktors stets ablehnte. Er war Empfangschef, leitete die Küche und arrangierte die aufregendsten Bälle New Yorks. Er war auf Du und Du mit der Prominenz aus Politik, Wirtschaft, Wissenschaft und Showbusiness, erhielt Verdienstorden vom belgischen und rumänischen König. Frankreich erhob ihn in den Ritterstand. Staatsoberhäupter aller Welt nannten sich seine Freunde.

Seine Biografie ist eine Tellerwäscherstory. Aber dahinter steckt nicht nur Tüchtigkeit, Fleiss und Wille, sondern etwas Magisches, das selten geschieht und meist entscheidend ist für die Laufbahn ausserordentlicher Menschen: Er war bei dem, was er tat, in vollkommener Übereinstimmung mit sich selbst. Oscar of the Waldorf ging mit jeder Faser seiner Persönlichkeit in seiner Aufgabe auf, sodass er mit ihr verschmolz wie sein Name mit dem Waldorf.

Geboren wird Oscar am 28. September 1866 in Le Locle. Der Vater stammt aus St. Gallen, die Mutter aus Luzern. Als Reisebüro-Agent in La Chaux-de-Fonds bringt der Vater die Familie gerade so durch. Er schickt

Oscar und seinen zehn Jahre älteren Bruder Brutus als Jugendliche zu einem Bauern nach Freiburg, wo sie die Schule besuchen. Fremdsprachen lernt Oscar leicht.

Vom Bruder über den Atlantik gelockt

Im Frühling 1883 bringt der Vater einen Brief heim, von Brutus, der sieben Jahre zuvor in die USA ausgewandert ist. «Die Strassen in New York sind zwar nicht mit Gold gepflästert, aber Arbeit gibt es hier für jeden, der sie begehrt», schreibt er und fordert die Familie auf, herzukommen. Die Eltern zögern keine Sekunde, der 17-jährige Oscar ist begeistert.

Er will in New York sein Leben machen. Am 14. Mai 1883 um zehn Uhr, eine Stunde nach der Ankunft, beantragt er bereits die Staatsbürgerschaft. Sofort macht er sich auf Jobsuche. Sein Bruder ist Chefassistent beim Brunswick-Hotel, aber dort ist nichts frei. So versucht es Oscar am Madison Square im «Hoffman House», dem besten Hotel New Yorks. Sieben Stunden nachdem er US-Boden betreten hat, ist der ambitionierte Bursche angestellt. Am Abend beginnt er als Kofferboy für 18 Dollar im Monat. Oscar ist tüchtig und diensteifrig, bald überträgt der Besitzer ihm die Aufsicht über eine Etage, macht ihn zum Steward seiner Yacht, vertraut ihm die Organisation von Partys an, lässt ihn an der Bar und am Empfang arbeiten und die Buchhaltung machen. Vier Jahre bleibt Oscar im «Hoffman House». 1887 zieht es ihn weiter – ins einen Häuserblock entfernte «Delmonico's».

Der Kofferträger arbeitet sich hoch

Giovanni und Pietro Delmonico waren 1827 aus Mairengo in der Leventina ausgewandert und hatten im Süden Manhattans ihr erstes Restaurant eröffnet. Weitere «Delmonico's» folgten, so auch das berühmte an der Ecke 26. Strasse und 5th Avenue, das luxuriöseste der Stadt. Nacht für Nacht diniert und tanzt hier die Upperclass. Oscar steht hinter der Bar, serviert dann im Hauptsaal, nach zwei Jahren ist er Verpflegungschef und organisiert alle Anlässe. Oscar ist in seinem Element. Er findet schnell den Draht zu den Gästen, «indem ich ihnen diente und Aufmerksamkeit schenkte». Mit 21 ist er bekannt in der Branche und dank der grosszügigen Kundschaft auch finanziell abgesichert. Er verliebt sich in Sophie Bertisch. Sie ist gleich alt wie er und deutscher Herkunft. Die beiden heiraten, bald kommen zwei Söhne und eine Tochter. Oscar liebt seine Arbeit und das Ambiente bei «Delmonico's». Aber er weiss, dass er nicht weiter aufsteigen kann.

New York entwickelt sich zur Weltmetropole, Gebäude schiessen in die Höhe, das Zentrum verschiebt sich in Richtung Uptown Manhattan.

Wohltätigkeitsball 1958:
Oscar Tschirky hat das New Yorker Gesellschaftsleben in die Prunksäle des Waldorf Astoria geholt.

1889 versetzt ein Projekt die bessere Gesellschaft in Aufregung. William Waldorf Astor, Emporkömmling und Nachfahre eines durch Spekulation reich gewordenen Einwanderers aus Walldorf bei Heidelberg, hatte für den Kongress kandidiert und war vom alten Geldadel desavouiert worden. Beleidigt will er New York verlassen – nicht ohne sich ein Denkmal zu setzen, das die feine Gesellschaft ärgert. So plant er ein 13-stöckiges Hotel an der Ecke 33. Strasse und 5th Avenue. Die Millionäre im Viertel wehren sich heftig, denn sie fürchten um ihre exklusive Wohnlage. Eine Bibliothek oder ein Museum hätten sie akzeptiert, aber so etwas Vulgäres wie ein Hotel – nein! Doch Astor setzt sich durch und lässt die Bagger auffahren.

Beim Kirchgang am Ostermontag 1890 kommt Oscar Tschirky mit seinem Vater am Bauplatz vorbei. Was hier entsteht, könnte seine Zukunft sein, malt er sich aus. Anderntags spricht er in Astors Büro vor, empfiehlt sich als Maître d'Hôtel, wird aber vertröstet. Astor hat mit George Boldt einen versierten Direktor engagiert. Weil das «Waldorf» das beste Hotel der Welt werden soll, wählt dieser die Mitarbeiter umsichtig aus.

1891 schreibt er an Oscar, es sei noch etwas früh, Leute zu engagieren. «Aber wenn Sie ein paar Empfehlungsschreiben von New Yorker Persönlichkeiten beibringen können, nehme ich Ihre Bewerbung gern auf die Liste.» «Ein paar Briefe! Ich werde ganz New York unterschreiben lassen», ruft Oscar aus und rast ins «Delmonico's».

Er spricht alle Prominenten an, die er bewirtet. «In der ersten Nacht sammelte ich ein paar Unterschriften, in der nächsten Nacht wieder, und

Tempel des Luxus: Das neue «Waldorf Astoria» an der Park Avenue 1950.

am Ende der Woche hatte ich zehn Seiten mit Unterschriften. Die Liste sah aus wie ein Who's who New Yorks.» Boldt erkennt, dass Tschirky der Richtige ist, und stellt den 25-Jährigen ein.

Mit 250 Dollar monatlich fängt Tschirky im noch unfertigen «Waldorf» an. Das Hotel wird atemberaubend: 450 Zimmer, 350 Bäder, Säle, Restaurants, Bars. Am 13. März 1893 um 18.00 Uhr schreitet Oscar zum Portal und dreht den Schlüssel. Die Eröffnungsgala ist ein gesellschaftliches Ereignis. Hunderte Pagen stehen Spalier, das Sinfonieorchester spielt, 2000 Gäste streifen durch den Palast, bestaunen die Mahagoni-Möbel, dinieren im Saal.

Party im «Waldorf»: Es gibt nichts Edleres

Das «Waldorf» ist eine Sensation, die Presse feiert das Hotel als Beginn eines neuen Zeitalters. Direktor Boldts Konzept ist ehrgeizig: Er will das Gesellschaftsleben aus den Privatvillen in seine Prunksäle holen. Und Oscar ist dafür der perfekte Gastgeber. Er organisiert extravagante Events, stellt exquisite Menüs zusammen, arrangiert opulente Tafeln und sorgt für exzellenten Service. Die Vornehmen sehen das «Waldorf» bald als beste Bühne für ihre Feste. Alle kommen, die Tabak-, Industrie- und Kupferkönige, die Vanderbilts, Morgans, Whitneys und Rockefellers, die Opern- und Showstars, Wallstreet-Grössen, Staatsgäste, Präsidenten. Die USA sind noch weit weg von der europäischen Esskultur, und es ist Oscar of the Waldorf, der die High Society in diese Kunst einführt. Er kennt sie alle, und alle kennen ihn. Denn im «Waldorf» zu speisen und mit Oscar bekannt zu sein, bedeutet eine kulturelle Veredlung.

Der Erfolg ist so gross, dass William Astor nebenan ein noch grösseres, noch luxuriöseres Hotel plant. 1897 öffnet das «Astoria», 17 Stockwerke hoch, mit einem Ballsaal für 1500 Gäste. Die beiden Gebäude werden zum «Waldorf-Astoria» vereint, und New York hat einen weiteren Superlativ: das beste Hotel der Welt mit mehr als 1000 Zimmern.

Zeremonienmeister Tschirky tut alles, damit sich die dekadente New Yorker Gesellschaft wohlfühlt. Stadtgespräch ist der Besuch des chinesischen Vizekönigs, für den Oscar das Hotel mit Papierdrachen und Glasketten drapiert. Für den neu gewählten US-Präsidenten William Taft baut er den Bankettsaal in einen Hörsaal der Yale-Universität um. Für einen Industriellen wird der Saal zum Zirkuszelt mit Trapezkünstlern über den Köpfen der Gäste. Und noch lange spricht man vom teuersten Bankett aller Zeiten – ein Gelage nach dem Vorbild von Kaiser Nero, für das jeder Gast 250 Dollar hinblättert. Der Ballsaal ist ein römischer Park mit Blumenbeeten, Springbrunnen, Palmen und Hunderten Kanarienvögeln, die Oscar herschaffen lässt. Sein Name bürgt für das Nonplusultra. So sehr, dass er sich manchmal gar einen Scherz erlaubt: Einmal besucht er das Gefängnis Sing-Sing, lässt sich das Kantinenmenü geben und setzt es leicht modifiziert seinen Gästen vor – auch dies ein Erfolg.

Noch grösser, noch schöner

1929 sieht Oscar in Tränen zu, wie sein «Waldorf Astoria» zusammenkracht, nur 36 Jahre nach der Eröffnung. Der Erste Weltkrieg, hohe Steuern und vor allem die Alkoholprohibition haben der New Yorker Spassgesellschaft den Spass verdorben. Das Hotel macht nun Platz für das Empire State Building. Der neue Direktor tröstet Oscar. «Wir werden ein grösseres und schöneres Hotel bauen», sagt er, und so kommt es. An der Park Avenue entsteht das neue «Waldorf Astoria», das einen ganzen Häuserblock einnimmt, mit 2000 Zimmern und 100 Appartements auf 47 Stockwerken.

1931 wird es eröffnet. Der 63-jährige Tschirky setzt die glanzvolle Tradition fort, die Prominenz kommt wieder in Scharen. Zur Goldenen Hochzeit von Oscar und Sophie 1937 geben Freunde ein Bankett mit 1200 Gästen. Er selbst prüft den ganzen Tag die Vorbereitungen, bis ihn die Freunde daran erinnern, dass es seine eigene Gala sei und er seine Gattin zu Tisch führen solle. Auch als 1943 das Hotel das 50. Jubiläum mit einem riesigen Fest feiert, ehrt es zugleich seinen Maître. Damals verewigt ihn der bekannte Journalist Karl Schriftgiesser mit der 250-seitigen Biografie *Oscar of the Waldorf*, eine Wertschätzung, die keinem anderen Hotelangestellten je widerfahren sein dürfte.

Nach Sophies Tod und 50 Jahren «Waldorf» zieht sich Oscar nach New Paltz zurück. Dort hatte er 1889 eine Farm gekauft, ein Chalet und später ein Sommerhaus gebaut. Das Hotel und die New Yorker vergessen nicht, was sie ihm verdanken. Als er am 6. November 1950 mit 84 Jahren stirbt, wehen die Fahnen am Hotel tagelang auf Halbmast, grosse Zeitungen widmen ihm Leitartikel. Und noch Jahre danach wachte Oscar of the Waldorf im Hotel von einem Ölgemälde herab über das Geschehen.

Obwohl er nie Koch war, bleibt er als Schöpfer erlesener Gerichte in Erinnerung. Er sammelte akribisch Rezepte und veröffentlichte 1896 *The Cook Book by ‹Oscar› of the Waldorf* – eine 900 Seiten starke Sammlung von Speisen aus der Hotelküche. Einige hat er selbst erfunden, viele hat er angeregt, mit den Köchen entwickelt oder mindestens modifiziert und populär gemacht. Dazu gehören: der Sellerie-Salat «Waldorf», «Eggs Benedict», «Thousand Island Dressing» und «Veal Oscar». Im «Waldorf»-Gebäudekomplex trägt ein Lokal heute seinen Namen. Wenn New Yorker Geschäftsleute sich in «Oscar's Brasserie» an der Lexington Avenue treffen und ein Menü von ihm bestellen – Oscar Tschirky aus La Chaux-de-Fonds würde verbindlich lächeln und sich still freuen.

Hermann Adam von Kamp
Heidis deutscher Vater

Die Schweizer Ikone Heidi hat Wurzeln im Ruhrgebiet. Eine Erzählung des Dichters Hermann Adam von Kamp weist frappante Parallelen zu Johanna Spyris Bestseller auf.

I Hermann Adam von Kamp, 1796–1867.

Die Schweizer Autorin Johanna Spyri hat sich auf dem Zürcher Friedhof Sihlfeld wohl gerade im Grab umgedreht: entweder weil ihr jetzt, 110 Jahre nach ihrem Tod, schreiendes Unrecht widerfährt – oder weil sie sich doch noch ertappt sieht. Bisher galt, dass das *Heidi* von A bis Z eine schweizerische Schöpfung ist, 1879 von Johanna Spyri erfunden und in wenigen Wochen hingeschrieben wie in Trance. Das 300-seitige Buch galt als Geniestreich und sicherte Spyri einen Platz in der Galerie der Schweizer Grössen. Heidi wurde zur Nationalikone und weltweit zum Inbegriff der Schweiz. Doch nun ist ein böser Verdacht auf Spyri gefallen, und auf Heidi legt sich ein Schatten.

Johanna Spyri (1827–1901): Ihr *Heidi* wurde zur Nationalikone.

Entdeckung in Frankfurt

Der in Adliswil wohnende deutsche Germanist Peter Büttner suchte in einer Frankfurter Bibliothek Illustrationen der Biedermeierzeit und bekam ein Bändchen des heute vergessenen Dichters Hermann Adam von Kamp aus Mülheim an der Ruhr in die Hände. Darin stiess er auf ein 30-seitiges Stück *Adelaide, das Mädchen vom Alpengebirge*. Derart von den Toten erweckt, tritt von Kamp nun unverhofft und posthum eine Schweizer Karriere an. Seine Adelaide-Erzählung, 50 Jahre vor *Heidis Lehr- und Wanderjahre* verfasst, weist so auffällige Parallelen auf, dass Büttner von einem Ur-Heidi spricht. «Ich sage nicht, Spyri habe abgeschrieben. Aber ich glaube, dass sie den Text kannte und sich davon inspirieren liess», sagt der 30-jährige Doktorand.

Dem widerspricht Regine Schindler. Als Spyri-Biografin und Mitarbeiterin des Johanna-Spyri-Archivs in Zürich kennt sie Leben und Werk à fond. «Ich schliesse zwar nicht aus, dass Spyri als Kind die Adelaide-Geschichte gekannt und gewisse Grundzüge unbewusst in ihrem Inneren bewahrt hat: die Grossvater-Enkelin-Thematik, das Heimweh, die Alpenbegeisterung», sagt sie. «Aber diese Elemente können auch aus ihrer eigenen Erlebniswelt stammen und lagen zudem damals in der Luft.» Schindler war überrascht und fasziniert, als sie vom Fund erfuhr. Ein Ur-Heidi will sie darin jedoch nicht sehen. Für sie ist klar, dass die Ähnlichkeiten zufällig und zeittypisch sind und «dass kaum eine direkte Abhängigkeit bestehen kann». Büttner dagegen betont, dass die Bezüge zwischen Zufall und Erinnertem changieren. «So könnte Adelaide eine Vorlage fürs Heidi gewesen sein.»

Von Kamp konnte sich nie wehren, denn er war schon zwölf Jahre tot, als *Heidi* erschien. Spyri kann man nicht mehr fragen. Nichts in ihrem Nachlass gibt Auskunft über Heidis Ursprung. Spyri-Forscher rätselten immer wieder. Viele sahen verwandte Motive bei Goethe, und einige glauben gar, Heidi sei ein reales Mädchen gewesen, das man mit Spyri durch

Maienfeld habe spazieren sehen. Aber das sind Mutmassungen. Vielleicht wollte sie bescheiden, wie es sich damals für eine Frau gehörte, hinter ihr Werk zurücktreten. Vielleicht hatte sie Gründe, Spuren zu verwischen. Beweisen lässt sich nichts. Es bleibt nur der Indizienprozess.

Mehr als Zufall

Liest man *Heidi* und *Adelaide* parallel, stösst man in der Tat auf einiges, was eine Verbindung nahelegt. Starke Indizien sind die Übereinstimmung des Namens von Adelaide über Adelheid zur Koseform Heide und die Grundstruktur der Erzählung: Beide Mädchen leben allein mit dem Grossvater auf einer Schweizer Alp, gehen in die Fremde, bekommen Heimweh, kehren zurück und werden glücklich. Büttner meint, auch in einigen Szenen und sogar in der Wortwahl Übereinstimmungen gefunden zu haben. So wäscht sich Adelaide an einer Quelle «Gesicht, Brust und Arme», während Heidi sich an einem Zuber «Gesicht, Hals und Arme» schrubbt. Adelaide wird «glühend rot», Heidi «flammenrot». Dort schnitzen Hirten Gefässe und Figuren, hier schnitzt der Alm-Öhi Löffel.

Für Schindler taugt dies nicht, um Heidi als Kopie zu überführen. «Das wäre absurd», sagt sie. Bergbegeisterung sei damals Mode gewesen, der Wegzug ein gängiges Motiv, ebenso das Heimweh, das als «Schweizer Krankheit» oft thematisiert wurde. Die Wörter seien sehr geläufig, deckungsgleiche Wortkombinationen fehlten. Umso mehr betont Schindler das Spezifische von Heidi. Anders als Adelaide sei Heidi ein Waisenkind, und gerade das sei bei Spyri das Antriebsrad der Geschichte.

Büttner weiss auch, dass sprachliche Ähnlichkeiten allein nicht reichen, um Spyri als Abschreiberin zu überführen. Aber die Häufung solcher Übereinstimmungen scheint ihm mehr als Zufall zu sein. Und er fand noch mehr Indizien, dass Spyri eine Vorlage hatte.

Verdächtige Schlüsselszenen

Zwei Szenen sind zugleich speziell und ähnlich. Dass zwei Autoren zweimal unabhängig voneinander dieselbe Idee gehabt haben sollen, ist laut Büttner höchst unwahrscheinlich. So erhalten beide Mädchen Geld geschenkt und überlassen es aus Dankbarkeit dem Opa. Noch frappierender ist die Schlüsselszene, als die Mädchen von Heimweh ergriffen werden. Die Situation ist derart parallel konstruiert und im Roman auch funktional gleich eingesetzt, dass ein Zufall schwer denkbar ist: Beide Male wird der Gefühlssturm und der Rückkehrwunsch ausgelöst durch die Betrachtung eines Bildes aus der Heimat.

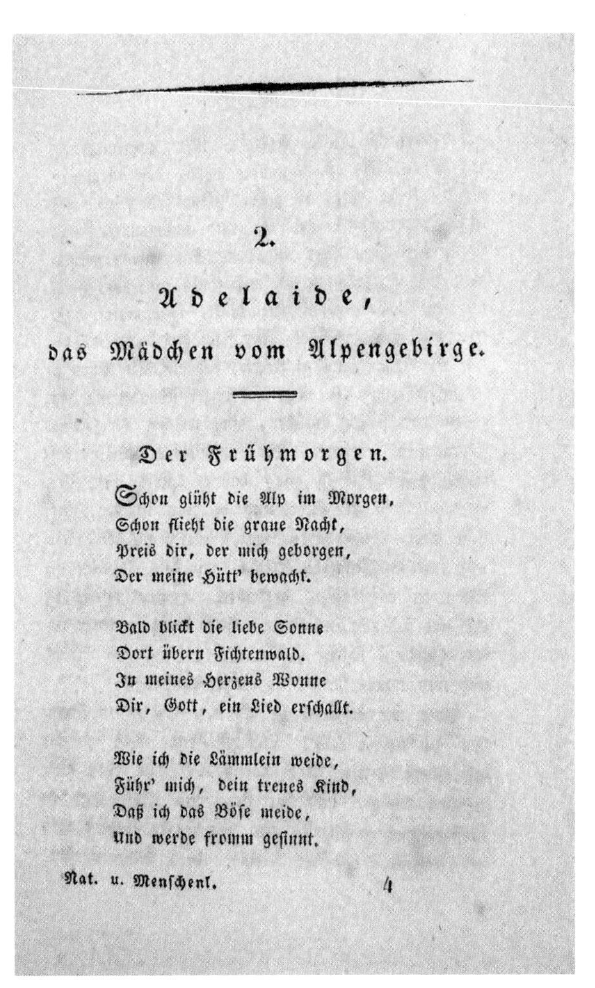

2.

Adelaide,

das Mädchen vom Alpengebirge.

Der Frühmorgen.

Schon glüht die Alp im Morgen,
Schon flieht die graue Nacht,
Preis dir, der mich geborgen,
Der meine Hütt' bewacht.

Bald blickt die liebe Sonne
Dort übern Fichtenwald.
In meines Herzens Wonne
Dir, Gott, ein Lied erschallt.

Wie ich die Lämmlein weide,
Führ' mich, dein treues Kind,
Daß ich das Böse meide,
Und werde fromm gesinnt.

Nat. u. Menschenl. 4

[links] ***Heidis Lehr- und Wanderjahre*** **von Johanna Spyri, Ausgabe 1887.**

[rechts] ***Adelaide*** **von Hermann Adam von Kamp, 1830.**

Bei von Kamp steht das Mädchen bei Bekannten im fernen Pennsylvania in der guten Stube:

«Adelaide wünschte, die Gemälde zu betrachten. Welch freudige Überraschung war es für sie, als sie unter denselben eine Schweizer Landschaft erblickte! Sie blieb mit glänzenden Augen stehen, und wer beschreibt die Freude, die sie empfand, als sie die Gegend ihrer Heimat darin erkannte. Gott rief sie aus, da bin ich ja zu Hause! Da ist die Alp, wo unsere Herden weiden, da unten im Tale das Dörfchen, wo ich geboren ward.»

Bei Spyri findet dieselbe Szene in der guten Stube im fernen Frankfurt statt:

«Heidi erschien im Zimmer der Grossmama und machte die Augen weit auf, als es die prächtigen bunten Bilder in den grossen Büchern sah, welche die Grossmama mitgebracht hatte. Auf einmal schrie Heidi laut auf, als die Grossmama wieder ein Blatt umgewandt hatte; mit glühendem Blick schaute es auf die Figuren, dann stürzten ihm plötzlich die hellen Tränen aus den Augen, und es fing gewaltig zu schluchzen an. () Es war eine schöne, grüne Weide, wo allerlei Tierlein herumweideten und an den grünen Gebüschen nagten.»

Heidi-Film mit Elsbeth Sigmund und Heinrich Gretler, 1952.

Dies machte auch Regine Schindler stutzig. Aber dass Spyri abkupferte, will sie dennoch nicht glauben. «Ich sehe es so, dass sie die Geschichte vielleicht gelesen hatte und gewisse Dinge wie die Geldübergabe oder das Bild, das Heimweh auslöst, in ihr auf unbestimmte Weise weiterlebten. So würde ich eine punktuelle Beziehung zu Adelaide für möglich halten, aber prägend fürs Heidi war sie garantiert nicht.»

Auch für die Namensverwandtschaft Adelaide/Heidi hat sie eine These. Vermutlich hätten beide, von Kamp und Spyri, ihn aus dem viel älteren Gedicht «Adelaide» von Friedrich von Matthisson entlehnt, das Beethoven 1795 vertont hatte. Im Spyri-Nachlass finde sich ein Hinweis, dass das populäre Lied in ihrem Elternhaus gesungen wurde. Von Kamp kannte es sicher, denn er dichtete selbst Volkslieder wie *Alles neu macht der Mai*. Dieses Lied ist übrigens alles, was von ihm blieb. Er lebte von 1796 bis 1867 in Mülheim, war Lehrer und wurde als Pädagoge von seiner Stadt geehrt. Nebenbei war er Heimatkundler und schrieb Erzählungen, Gedichte und Liedtexte. An ihn erinnert nur ein bemooster Gedenkstein im Stadtpark Mülheims – während nach Spyri Strassen benannt und in Maienfeld «originale» Heidi-Schauplätze inszeniert werden, als würde ihre literarische Figur noch echter durch diese fiktionale Realität.

Arupusu no shojo Haiji, TV-Serie, Japan/BRD, 1974.

Ein Schlag gegen den Nationalstolz

Im Entdeckerrausch hatte Peter Büttner im Schweizer Fernsehen seine These vom Ur-Heidi recht forsch formuliert. Auch wenn er nie von Plagiat sprach, löste er einen Sturm aus, der Wogen um den Erdball schickte. Von London bis Tokio, von Ankara bis Sydney schrieben Medien den Fund zum Literaturskandal hoch, schwelgten in Mythenzertrümmerung und verkniffen sich auch Schadenfreude nicht. Dass ein wissenschaftliches Greenhorn und erst noch ein Deutscher die etablierte Spyri-Forschung vorführe, das Idol Spyri untergrabe und die Ikone Heidi entweihe, sei ein «Schlag gegen den Nationalstolz», hiess es. In der Schweiz wurde die Geschichte jedoch ohne viel Aufhebens vermeldet. Zu Spyris Ehrenrettung trat einzig die *Neue Zürcher Zeitung* an, unter dem Titel «Die Mär vom Ur-Heidi». Angesichts der Unterschiede werde Büttners «pseudowissenschaftliche Erbsenzählerei» absurd. Geissenpeter und die Grossmütter fehlten bei von Kamp, die Grossväter könnten gegensätzlicher nicht sein. Es bestehe kein Zweifel, dass man sich bei Heidi in einem ganz anderen literarischen Kosmos befinde.

Auch wenn Büttner und Schindler uneins sind, wie viel Spyri von Kamp schuldet – in einem stimmen sie überein: Heidi, wie alle Welt es kennt, ist Spyris Schöpfung. «Es ist ihr grosses Verdienst, aus dem Stoff Funken geschlagen zu haben», sagt Büttner. Und Schindler betont: «Spyri hat eine archetypische Figur geschaffen und um sie einen Kosmos von Stimmungen und Charakteren kreiert. Auch wenn man in Adelaide eine Vorlage erkennen sollte, merkt man, wie sehr Heidi eine genuine Leistung Spyris ist.»

Heidi selbst wird es nichts anhaben, dass neben der Schweizer Mutter ein deutscher Vater aufgetaucht ist. Längst hat Heidi sich vom Ursprung gelöst, führt ein Eigenleben und ist Allgemeingut geworden. Heidi ist unsterblich, Johanna Spyri kann in Frieden ruhen.

Alfred von Rodt
Der Schweizer Robinson

Manche träumen bloss vom Leben auf einer einsamen Insel. Der Berner Patrizier Alfred von Rodt hat es gelebt – und zwar auf der echten Robinson-Insel.

I Alfred von Rodt, 1843–1905.

Alfred von Rodt ist ein Meister des Selbstbetrugs: «Wenn ein moderner Mensch ein fernes, ungestörtes und einsames Plätzchen suchen wollte, um dort ein Eden anzulegen, würde er sicher Juan Fernández erwählen.» Diese Begründung, weshalb er auf die gottverlassene, windumtoste Insel ging, ist mehr eine Beschwörungsformel, um sich einzureden, trotz allem das Richtige getan zu haben. Der Berner Aristokrat war aus einem privilegierten Dasein geflüchtet, um fern der Zivilisation seinen Garten Eden zu bauen, ein kleines Reich, das ihm Lebenssinn geben sollte. So pachtet er 1877 die 640 Kilometer weit draussen im Südpazifik gelegenen Juan-Fernández-Inseln. Briefe in die Heimat unterschreibt er mit «Robinson Crusoe II.» – und das ist er in der Tat.

Juan Fernández, das sind die echten Robinson-Inseln. Der damals unbewohnte Archipel besteht aus der 96 Quadratkilometer grossen Más a Tierra («näher beim Land»), der halb so grossen Más Afuera («weiter weg») und Santa Clara, der kleinsten der Inseln. Dort geschah 1704, was den Engländer Daniel Defoe zu seinem Weltbestseller *Robinson Crusoe* inspirierte.

Alfred von Rodt als junger Offizier in Österreichs Diensten.

Ein prügelnder Schotte war Vorbild

Lebendes Vorbild für den literarischen Robinson war der Schotte Alexander Selkirk aus Edinburgh. Er soff und prügelte gern, mit 17 Jahren haute er ab und ging zur See. Er brachte es zum Navigator und plünderte für England feindliche Schiffe. Schliesslich landete er mit dem Kaperschiff «St. George» auf Más a Tierra. Selkirk geriet mit seinem Kapitän in Streit, weil er glaubte, ein Begleitschiff sei ohne Reparatur nicht mehr seetüchtig. Als er Kameraden anstachelte, mit ihm auf der Insel zu bleiben, betrachtete der Kapitän das als Meuterei und liess ihn allein zurück. Wie von Selkirk vorausgesagt, sank das Begleitschiff wenig später.

Dem Ausgesetzten Selkirk blieben nur wenige Zivilisationsgüter: eine Muskete, Tabak, Feuerstein, Beil, Messer, Kochkessel, Navigationsgerät und die Bibel. Die einsame Insel bot zum Glück Früchte, Meeresgetier und vor allem Ziegen, die die spanischen Entdecker 1574 ausgesetzt hatten.

Jeden Tag spähte Selkirk von seinem Ausguck nach einem rettenden Schiff. Am 2. Februar 1709 landete schliesslich die britische «Duke», ein Freibeuter unter Kapitän Woodes Rogers. Dieser staunte nicht schlecht, als seine Patrouille zurückkehrte: «Sie brachten von der Insel einen Mann, gekleidet in Ziegenfell, der wilder aussah als des Fells erste Besitzer.» Selkirk war zerlumpt, konnte kaum mehr sprechen. Vier Jahre und vier Monate hatte er allein auf der Insel gelebt.

Das Nationalmuseum in Edinburgh hütet heute zwei Selkirk-Reliquien: seinen Trinkbecher und seine Seemannskiste. 2008 untersuchte

Am Ende der Welt: Der Ankerplatz mit dem Schiff, das Alfred von Rodt 1877 auf die Juan-Fernàndez-Inseln brachte.

ein Archäologe Selkirks Lagerplatz und fand als letztes Zeugnis ein Stück seines Stechzirkels.

Selkirk kehrte 1711 nach England zurück. Rasch machte die Geschichte die Runde. 1712 veröffentlichte Kapitän Rogers seinen Bericht. Ein Jahr später brachte die Zeitschrift *The Englishman* die Story gross heraus. «Ich habe jetzt 800 Pfund, aber nie wieder werde ich so glücklich sein wie damals, als ich keinen Viertelpenny besass», wurde Selkirk zitiert.

Wahrscheinlich regten die Berichte den Schriftsteller Daniel Defoe an, vielleicht hat er Selkirk auch in einem Pub in Bristol getroffen, bevor dieser wegen Heiratsschwindels erneut türmte und 1721 vor Westafrika an Gelbfieber starb. Jedenfalls erkannte Defoe sofort, was in der Geschichte steckte. Sein *Robinson Crusoe,* erschienen 1719, hielt sich aber nicht streng an die Vorlage: Robinson wird nicht ausgesetzt, sondern erleidet Schiffbruch. Seine Insel liegt in der Karibik. Er bleibt 28 Jahre weg und teilt sein Schicksal mit dem Gefährten Freitag.

Natur statt Perücken und Reifröcke

Defoes Roman traf allerdings den Zeitgeist. Das Vernunftideal der Aufklärung war brüchig geworden und deckte sich längst nicht mehr mit der sozialen Realität. Die Menschen suchten das Ideal nun in der Natur. Das einfache Leben nahe am glücklichen Urzustand erschien als ideale Gegenwelt zur überdrehten, verkünstelten Welt der Salons, Reifröcke und Perücken. Mit *Robinson* schuf Defoe ein Stück Gesellschaftskritik und setzte die einsame Insel als Sehnsuchtsziel. Das Buch war ein Erfolg in ganz Europa und löste eine Serie von Robinsonaden in Romanform aus, die das Bedürfnis der Kultur- und Gesellschaftsflucht bedienten.

Hartes Leben: Von Rodts «Residenz» auf dem Eiland.

Von Rodt wird Subdelegado

So ist der Robinson-Stoff längst Allgemeingut, als Alfred von Rodt am 10. September 1843 in Bern geboren wird. Sein Vater ist ein Patrizier, jedoch verfemt, weil er eine Freikirche gründete. Seine begüterte Mutter stirbt früh. Alfred besucht das Realgymnasium, studiert in Dresden und dann an der ETH Zürich Forstingenieur.

Der Student bummelt und saust durch die Prüfung. Beschämt verdrückt er sich und meldet später aus Österreich, er werde nun Berufsoffizier. 1866 zerschmettert in Böhmen eine Kugel sein Bein. Nach Urlauben in Bern, Venedig, Mailand, Wien und Ungarn wird er 1870 entlassen. Gescheitert als Militär, weiss der reiche Herrensohn nicht, was er tun soll. In Frankreich interessiert ihn die Austernzucht. In London wird er depressiv. In Spanien packt ihn die Idee, nach Südamerika zu gehen. Er reist nach Valparaíso, zum grössten Pazifikhafen. Dort erfährt er, dass Chile die Fernández-Inseln verpachten will. Er überzeugt sich, «dass sich mit Arbeit und ein wenig Capital aus diesen Inseln etwas machen liesse». Im April 1877 unterzeichnet er den Pachtvertrag für acht Jahre und ist nun Subdelegado, Unterpräfekt, des Eilands.

Er riskiert den letzten Cent

«Seit einem Monate nun bin ich, nach dem Herrgott und der Republik Chile, unumschränkter Gebieter über die Inseln mit circa 60 Einwohnern,

Abenteurer in der Ferne: Alfred von Rodt mit seiner Frau Antuquita Sotomayor und seinen Kindern.

100 Stück Kühe, 60 Pferde, circa 7000 Ziegen, sans compter die Seehunde, Hummer und Fische, welche massenhaft vorkommen», meldet er in die Heimat. Der Brief liegt heute in der Burgerbibliothek Bern und zeigt, dass Alfred begeistert ist, endlich eine Aufgabe zu haben: «Meine Untertanen sind die ruhigsten und gehorsamsten Kerle, die man sich nur denken kann, fleissig und arbeitsam wie die chilenischen Bauern überhaupt, und überglücklich durch die Aussicht auf Arbeit und Verdienst, welches ihnen meine Ankunft bietet.» Er glaubt, mit den Produkten der Insel guten Profit machen zu können.

Die Hoffnung prallt jedoch bald hart auf die Realität. Sein erstes Schiff mit 400 Robbenfellen zerschellt im Sturm. Der Aufbau läuft schleppend und kostet viel. Er baut ein Haus, siedelt Arbeitskräfte an und redet sich immer wieder ein, alles sei auf gutem Weg. Er ist entschlossen, für immer auf der Insel zu bleiben. So tut er sich auch – ohne Trauschein – mit der Einheimischen Antuquita Sotomayor zusammen. Obwohl selbst gebildet, lässt er seine sechs Kinder praktisch ohne Schulbildung aufwachsen und nur die praktischen Fähigkeiten der Insulaner lernen.

Die finanzielle Lage spitzt sich immer mehr zu. Besonders als 1879 Chile gegen Bolivien und Peru in den Krieg zieht. Von Rodt fürchtet, sein Schiff könnte konfisziert werden. Seine Bitte, unter Schweizer Flagge segeln zu dürfen, lehnt der Bundesrat ab; man könnte ohnehin nicht

Robinson Crusoe war ein Erfolgsroman in ganz Europa: französisches Sammelbildchen von 1890.

eingreifen. Von Rodt wird von seinen wichtigsten Absatzmärkten abgeschnitten und bittet seinen Verwalter in Bern, den Rest seines Erbes zu liquidieren. «Ich setze mich zwar der Gefahr aus, mein Vermögen zu verlieren, bin aber vollkommen entschlossen, meinen letzten Cent zu riskieren, um meine Insel zu halten.» Er gebe nicht auf, «umso weniger, als ich mich ordentlich verliebt habe in mein kleines Inselchen».

Ständig eröffnet er neue Geschäfte, stellt Käse und Butter her, brennt Kohle, holt Arbeitskräfte – und häuft Schulden an. Das Unternehmen wächst ihm über den Kopf, auch die Depressionen melden sich zurück. Der mittlerweile 42-jährige von Rodt kann nicht zugeben, dass er sein ganzes Leben lang ein Versager war. Als 1885 die Pacht ausläuft, erwägt die Regierung einen neuen Status für die Inseln. Starrsinnig macht Alfred weiter. 1890 meldet er: «Ich habe vor mehr als einem Jahr mein letztes Boot verloren und bin hier je länger, je mehr Robinson Crusoe.»

«Die Insel ersetzt mir die Schweiz»

Doch dann hellt sich der Horizont auf. Statt Zins zu verlangen, stellt die Regierung nun Subventionen in Aussicht. Zudem taucht ein Partner auf, der eine Fabrik für Hummerkonserven baut. 1895 ist es so weit. «Die hohe Regierung weiss, dass Herr von Rodt sein ganzes Vermögen in die Insel investierte, als er sie 1877 in Pacht nahm, und dass das Glück ihm nicht hold war», stellt eine Kommission fest. Rodts Erfahrungen zeigten, dass nur Fischerei Zukunft habe. Die Regierung fördert nun aktiv den Aufbau. Als Kolonie-Inspektor setzt sie in Anerkennung seiner Verdienste Alfred von Rodt ein. Zudem ist er Richter, Forst-, Marine-, Zoll- und Postchef. Auf Drängen der Regierung legalisiert er 1902 auch seine wilde Ehe mit Antuquita.

Zu dieser Zeit erhält er erstmals Besuch aus der Heimat. 1901 kommt sein Stiefbruder mit Geld. 1905 schaut seine Cousine vorbei, die Reiseschriftstellerin Cäcilie von Rodt. Ihr bieten die Inseln «ein unendlich ruhiges, einfaches, friedliches Bild, unentweiht durch menschliches Hasten und Treiben». Sie fragt den «letzten Robinson», ob es ihm erginge wie Selkirk, der die Rückkehr unter Menschen bitter bereute. Alfred darauf: «Ja, ich würde mich niemals dort wieder einleben können, ich bin ein Fremder geworden in der Heimat. Das Meer ersetzt mir die Alpen, die Insel die Schweiz.»

Kurz darauf erkrankt er und stirbt am 4. Juli 1905. Wie Robinson hat er 28 Jahre auf der Insel verbracht. Einige seiner Nachkommen leben seither als einfache Fischer auf dem Eiland, das heute 600 Einwohner zählt. Urenkelin Flora de Rodt führt im Dorf das Restaurant Barón de Rodt, hat Fotos vom Urgrossvater und erzählt gern seine Geschichte. Andere Nachkommen leben auf dem chilenischen Festland, so auch die Urenkelin Viola de Rodt, Vizepräsidentin des Schweizerclubs von Temuco.

Seit 1966 heisst die Hauptinsel des Juan-Fernández-Archipels offiziell Robinson Crusoe Island, die Nebeninsel Alejandro Selkirk Island. An den letzten Robinson erinnerte lange ein Grabstein auf dem Friedhof mit der Inschrift «Don Alfredo de Rodt – erster Kolonialherr der Insel», bis im Februar 2010 ein Tsunami auch diese Spur löschte. Der Aussteiger starb arm und glücklich in seiner Illusion vom irdischen Paradies.

Hermann Staudinger
Der Vater der Plastikwelt

Lange ist der Chemiker Hermann Staudinger verspottet worden. Dabei hat er 1926 mit seiner Forschung an der ETH Zürich eine neue Epoche eröffnet: das Zeitalter des Kunststoffs.

I Hermann Staudinger, 1881–1965.

Er ist einer von denen, die gern gegen den Strom schwimmen. Hermann Staudinger ist 1912 als Professor an die Eidgenössische Technische Hochschule in Zürich gekommen und laboriert seither an Stoffen und Theorien herum, die seine Fachkollegen abseitig finden. Der junge Chemiker erforscht den Wirkstoff im «Dalmatiner Insektenpulver», um ein Mittel gegen Läuse zu finden, die in den Schützengräben des Ersten Weltkriegs Flecktyphus übertragen. Er bringt einen Kunstpfeffer in den Handel. Und er isoliert mehr als 70 Aromastoffe des Kaffees, baut sie nach und serviert ein Gebräu, das irgendwie nach Kaffee schmeckt.

Überdies versucht er sich als Alchemist. Seine – zumindest theoretisch – bestechende Idee: Bringt er Tetrachlorkohlenstoff und eine Kalium Natrium-Legierung zur Explosion, sollte in der Schmelze bei hohem Druck Kohlenstoff ausgeschieden werden, das heisst: ein Diamant. «In einem Steinbruch bei Zürich wurde unter entsprechenden Vorsichtsmassnahmen ein Vorversuch in dieser Richtung vorgenommen, bei dem jedoch die Bombe explodierte, sodass ich die Lust zu diesen temperamentvollen Versuchen verlor», berichtet er in seinen «Arbeitserinnerungen». Der Knall des berstenden Druckrohrs sei bis Paris zu hören gewesen.

Makromoleküle: Was die Welt im Innersten zusammenhält.

In Kautschuk verbissen

Am meisten jedoch sind die Fachkollegen irritiert, weil sich Staudinger in einige absonderliche Materialien verbissen hat: Er untersucht die Cellulose der Baumwolle und das exotische Baumharz Kautschuk. Unter Hochschulchemikern gilt die weiche Materie als schwer fassbar und wenig prestigeträchtig. Kautschuk ist chemisch ein Rätsel, aber genau das reizt Staudinger. Und er ahnt auch, dass hier ein grosses Potenzial schlummert. Charles Goodyear hatte 1839 Kautschuk mit Schwefel zu Gummi vulkanisiert und eine neue Industrie ermöglicht. Auch andere Naturmaterialien wurden bereits erfolgreich modifiziert, Baumwolle zu Celluloid, Leinöl zu Linoleum und das Harz des Amberbaums zu Polystyrol. Es gibt auch bereits Kunststoffe wie Galalith und Bakelit, aus denen man Knöpfe, Pfannengriffe und Telefonhörer giesst.

Man kennt also in den zwanziger Jahren schon einige plastische Stoffe. Bis jetzt sind aber vor allem Tüftler am Werk. Sie entdecken die neuen Materialen per Zufall oder in Experimenten, die sie selbst nicht verstehen. Was da in ihren Labors Fäden zieht, aus Kolben quillt, in Reagenzgläsern wabert oder glasig erstarrt – die chemische Struktur der Stoffe ist unbekannt. Klar ist nur, dass es Verbindungen sind, die sich aus vielen kleinen Molekülen zusammensetzen, weshalb man sie Polymere nennt. Völlig schleierhaft ist aber, welche Bindekräfte die Molekülhaufen zusammenhalten. Vorherrschend ist die Kolloid-Lehre. Sie besagt, dass die einzelnen Moleküle sich spontan zusammenlagern und zu grossen Ballungen (Mizellen) verkleben. Hätte man sie in reiner Form und liesse sie kristallisieren, würden sie zerfallen. Staudinger hat jedoch eine ganz andere Theorie, die ihn zum Aussenseiter macht.

Das Makromolekül

Geboren wurde Staudinger am 23. März 1881 in Worms. Sein Vater, Gymnasiallehrer, Theoretiker der Genossenschaftsidee und Sozialdemokrat, schickt ihn nach dem Gymnasium in eine Schreinerlehre, damit er die Welt der Arbeiter verstehen lernt. Dann studiert er in Halle, Darmstadt und München Chemie. Als Assistent in Strassburg macht er 1905 seine erste Entdeckung: die neue Stoffgruppe der Ketene. Nach der Habilitation 1907 wird er Professor in Karlsruhe, erforscht Erdöl und die Polymerisierung. Aufsehen erregt er, als er einen leichteren Weg zu synthetischem Kautschuk findet.

1912 erreicht ihn der Ruf der ETH, eine grosse Anerkennung für den 31-Jährigen. In seinen Memoiren schreibt er, viele Fachgenossen hätten ihn beglückwünscht, ausser einem, der meinte, das ungestörte Arbeiten sei an der ETH nun vorbei. «Er hatte vollkommen recht.» In Zürich wird Staudinger zugedeckt mit Vorlesungen, Repetitorien und Prüfungen, für Forschung bleibt kaum Zeit. Obwohl Kollegen davor warnen, beginnt er seine Kautschuk-Studien. Acht Jahre später veröffentlicht er einen Fachartikel «Über Polymerisation» und stellt sich radikal gegen die Kolloid-Lehre. Er glaubt nicht an ominöse Bindekräfte, sondern behauptet: Die Moleküle sind durch ganz normale Atombindungen verknüpft. Kollegen schütteln den Kopf. 1922 bringt er an einem Vortrag provokant seinen neuen Begriff: das Makromolekül. Kautschuk, Naturfasern und die Kunststoffe bestehen laut ihm nicht aus einzelnen, aneinander gelagerten Molekülen, sondern aus langen Molekülketten mit vielen Millionen Bauteilen.

Kollegen lachen

Riesenverbindungen, die nicht Ringe bilden, sondern lange Fäden – das übersteigt die Vorstellungskraft der Zunft. Staudinger wird verlacht, geschnitten und angeschwärzt, auch von Zürcher Kollegen. Zur gleichen Zeit erhält der Chef des chemischen Instituts der Universität Zürich, Paul Karrer, für gegenteilige Studien den höchsten Schweizer Wissenschaftspreis – ein «merkwürdiges Zusammentreffen», wie Staudinger sagt. Die neu mit Röntgentechnik ausgerüstete ETH-Fachschaft Kristallographie lehnt seine Theorie ebenso ab wie das physikalische Labor von Paul Scherrer. Einmal, 1925, als Staudinger vor Fachleuten über Makro-

Späte Ehre: Erst 1953 – mit 30 Jahren Verzögerung – erhielt der Chemie-Pionier den Nobelpreis. Der schwedische König Gustav Adolf gratuliert Hermann Staudinger [rechts] und seiner Frau Magda Woit bei der Preisverleihung.

moleküle spricht, ruft ihm der bekannte Zürcher Mineraloge Paul Niggli zu: «So etwas gibt es nicht!» Ein andermal putzt ihn der deutsche Chemiker Heinrich Wieland herunter: «Lassen Sie doch die Vorstellung mit den grossen Molekülen. Reinigen Sie Ihre Produkte, dann werden diese kristallisieren und sich als niedermolekulare Stoffe erweisen.» An der ETH Zürich erarbeiten derweil Staudingers Studenten gut 20 Dissertationen, die die Existenz der Makromoleküle untermauern. 1926 fasst er in Düsseldorf die Resultate vor der Gesellschaft Deutscher Naturforscher und Ärzte zusammen. Auch sie lassen sich nicht überzeugen.

Doch die Industrie ist Staudinger dankbar: Indem er die Struktur der hochmolekularen Stoffe aufdeckte, sind Hersteller nicht mehr darauf beschränkt, Materialien experimentell zu optimieren. Jetzt können sie Stoffe gezielt schaffen und mit Eigenschaften ausstatten. So legte Staudinger die Grundlage für die moderne Materialwissenschaft. Sein Vortrag von 1926 gilt heute als Geburtsstunde der Polymerchemie und Beginn des Plastikzeitalters.

Die ETH verweist heute stolz darauf, dass er seine Polymerforschung bei ihr begann. Allerdings kehrte er gerade zu jener Zeit der renommierten ETH nach 14 Jahren den Rücken und ging an die Universität Freiburg im Breisgau. Andeutungen lassen vermuten, dass er sich in Zürich isoliert und zurückgesetzt fühlte. Später sagte er zwar versöhnlich: «An diese Zeit denke ich gerne zurück, weil dort im Widerstreit mit den herrschenden Meinungen die ersten Grundlagen für die makromolekulare Chemie gelegt wurden.» Aber offenbar bot ihm die ETH damals nicht jenen Rückhalt, den er aufgrund seiner Entdeckung erwartete. Dies zeigt sich auch daran, dass die ETH den Forschungszweig liegen liess. Erst 1936 arbeitete die Abteilung für industrielle Forschung wieder an Kunststoffen. Als sie 1946 ein neues Institut für makromolekulare Chemie anregte, fand die ETH dies aber «nicht dringlich». Erst 1966 wertete sie den Bereich auf Druck der Basler Industrie mit einer eigenen Professur auf.

Späte Ehre

In Freiburg hingegen erhält Staudinger als Direktor des chemischen Labors freie Bahn. Er konzentriert sich ganz auf die Makromoleküle, «denn die Erschliessung dieses neuen Gebietes erforderte alle Kräfte». Zur Nazizeit kommt er unter Druck, weil er im Ersten Weltkrieg Giftgaseinsätze abgelehnt und für einen raschen Frieden plädiert hatte. Die estnische Biologin Magda Woit, seine Frau und langjährige Mitarbeiterin, sagte später: «Das hat ihm grosse Schwierigkeiten bereitet – bis er sich ins Institut einschloss und nicht mehr rechts und nicht mehr links guckte, nirgends mehr auftrat und nur noch bei seiner Arbeit war. Er machte ja noch dazu etwas, was nicht anerkannt war, aber da sagten sie: Der verrückte Professor mit seinem Zeug! Ich glaube, das hat uns gerettet.» Seine Lehre erwies sich derweil als fruchtbar. Polymerchemie etablierte sich als Disziplin, die Industrie stürzte sich in die Kunststoffforschung. 1940 eröffnete Staudinger in Freiburg sein Institut für Makromolekulare Chemie, das erste solche Zentrum Europas. Er leitete es bis 1951 und blieb ihm verbunden bis zu seinem Tod am 8. September 1965.

Die Anerkennung kam spät. 1953 – mehr als 30 Jahre nach der Lancierung seiner Theorie – erhielt er 72-jährig den Nobelpreis. Es war das gleiche Jahr, in dem eines der wichtigsten Makromoleküle der Natur entdeckt wurde: die Erbsubstanz DNS. Staudinger glaubte von Anfang an, dass Makromoleküle auch in der Natur sehr wichtig seien, und wollte sein Konzept in die Biochemie einführen. Er hatte recht: Nicht nur Naturstoffe wie Kautschuk, Cellulose und Stärke bestehen aus Makromolekülen, nicht nur Kunststoffe, sondern auch Grundbausteine lebender Organismen wie Proteine, Enzyme, Nucleinsäuren. In Pflanzen, Tieren und Menschen, in Schaumstoffen und Textilien, in Spielzeugen und Isolierungen, in Solarzellen und Touchscreens – überall steckt der lange verlachte Staudinger drin.

Kaspar Jodok Stockalper
Er bringt die Globalisierung in die Alpen

Kaspar Jodok Stockalper hat am Simplon um 1635 ein europaweites Wirtschafts-imperium aufgebaut. Er wurde unsäglich reich und verkehrte mit Kaisern, Königen und Päpsten. Dann brachten ihn Schuldner und Neider zu Fall.

I Kaspar Jodok Stockalper, 1609–1691.

Der Hufschlag dröhnt durch die Nacht, das Pferd prescht über den Passweg zum Simplon. «Vorwärts!», befiehlt Kaspar Jodok Stockalper seinem Gefolge und gibt dem Schimmel die Sporen. Sind ihm die Schergen des Walliser Landrats schon auf den Fersen? Es ist der 11. Oktober 1679, und Stockalper reitet um sein Leben. Der 70-Jährige weiss, was ihm blüht, wenn sie ihn fassen: Sie würden ihn hinrichten, wie vor 52 Jahren seinen Onkel Anton, der wegen Hochverrats geköpft, gevierteilt und verbrannt wurde. Die Kalbermatten- und die Monthey-Sippe und vor allem ihr Anführer Adrian Inalbon wollen ihn schon lange erledigen. Vor einem Jahr zwangen sie ihn zum Rücktritt als Landeshauptmann, jetzt wollen sie seinen Kopf.

Das Salzmonopol habe er missbraucht, mit den Habsburgern paktiert und den Souverän beleidigt. Mit dieser Anklage kann man jeden einen Kopf kürzer machen. Stockalper sieht in der Ferne Licht im Alten Spittel, dem Hospiz, das er auf der Passhöhe errichtet hat. Er rastet, aber nur kurz. Denn er will weiter, nach Simplon Dorf, Gondo und hinüber ins sichere Domodossola.

In Herrscherpose: Kaspar Jodok Stockalper auf einem Gemälde von 1672.

Le roi du Simplon

Kaspar Jodok Stockalper hat im 17. Jahrhundert im Alpenraum eine Grösse erreicht wie keiner vor und keiner nach ihm. Er hat in Brig ein Handelsimperium aufgezogen, das sich von der Adria bis zum Ärmelkanal spannt und von Südspanien bis nach Norddeutschland. Der erste Schweizer Global Player geschäftet mit allem, was Gewinn bringt. In seinem Mischkonzern organisiert er Transporte und Geleitzüge über den Pass, kassiert Zölle und Weggelder, betreibt Lager, importiert, exportiert, schürft Eisen, Blei, Kupfer und Gold, rafft Agrarland zusammen, erstellt Grossbauten, gibt Darlehen und vermietet Söldnerheere.

5000 Leute verdienen ihr Brot beim «Fugger der Alpen». Sein Reichtum ist gigantisch – und er stellt ihn mit seinem Schloss in Brig weitherum zur Schau. Zugleich dient er sich durch fast alle politischen und militärischen Chargen und vertritt das Wallis an der Eidgenössischen Tagsatzung und am französischen Hof. Mit gekrönten Häuptern verkehrt «Stockalper der Grosse» auf Augenhöhe: der deutsche Kaiser Ferdinand III. erhebt ihn in den Reichsritterstand und gibt ihm den Titel «vom Thurm», Herzog Karl Emanuel II. von Savoyen macht ihn zum Baron von Duingt, Papst Urban VIII. ernennt ihn zum «Ritter vom Goldenen Sporn», König Karl II. von Spanien gibt ihm Mailands Bürgerrecht. Frankreichs Könige machen ihn zum Ritter des Heiligen Michael und des Heiligen Geistes, und am Hof von Louis XIV. nennt man ihn schlicht «Le roi du Simplon».

Prunk im Bergtal: Stockalpers nach religiösen Gesichtspunkten erbautes Schloss in Brig.

Diszipliniert und gerissen

Stockalpers Weg beginnt früh und führt steil hinauf. Er entstammt einer angesehenen Familie, die einst die Stockalp am Simplon bewirtschaftete. Als man dort rodete, blieben die Wurzelstöcke stehen, daher der Name und die drei Stöcke im Wappen. Seit Urzeiten stellte die Familie hohe Beamte im Wallis.

Kaspar Jodok wird am 14. Juli 1609 in Brig geboren. Sein Vater stirbt früh und vererbt dem Zweijährigen ein rechtes Vermögen. Kaspar wird am Jesuitenkolleg in Venthône und Brig erzogen und an die Jesuitenakademie in Freiburg im Breisgau geschickt. Mit einem Zeugnis, das ihn als «überaus grosse Hoffnung» bezeichnet, kehrt er zurück und beginnt, sich in Brig einzumischen. Kaum 20, wird er Notar, Kommissär der Pestwache und Gemeinderat. 1633 bereist er das Burgund, Frankreich, Belgien und die Niederlande und verbindet sich mit einem Handelshaus in Antwerpen und einem in Solothurn. Der 24-Jährige erkennt schon damals, dass er am Simplon an der Schlüsselstelle sitzt. In Europa tobt der Dreissigjährige Krieg und behindert den See- und Landverkehr. Die habsburgische Grossmacht Spanien hat Besitzungen in Süd- und Norditalien, den Niederlanden und im Burgund, ist verquickt mit Österreich und im Bund mit Savoyen. Frankreich ist eingekreist und hat sich mit Venedig verbündet. Der Simplon liegt im Schnittpunkt der Interessen und ist strategisch

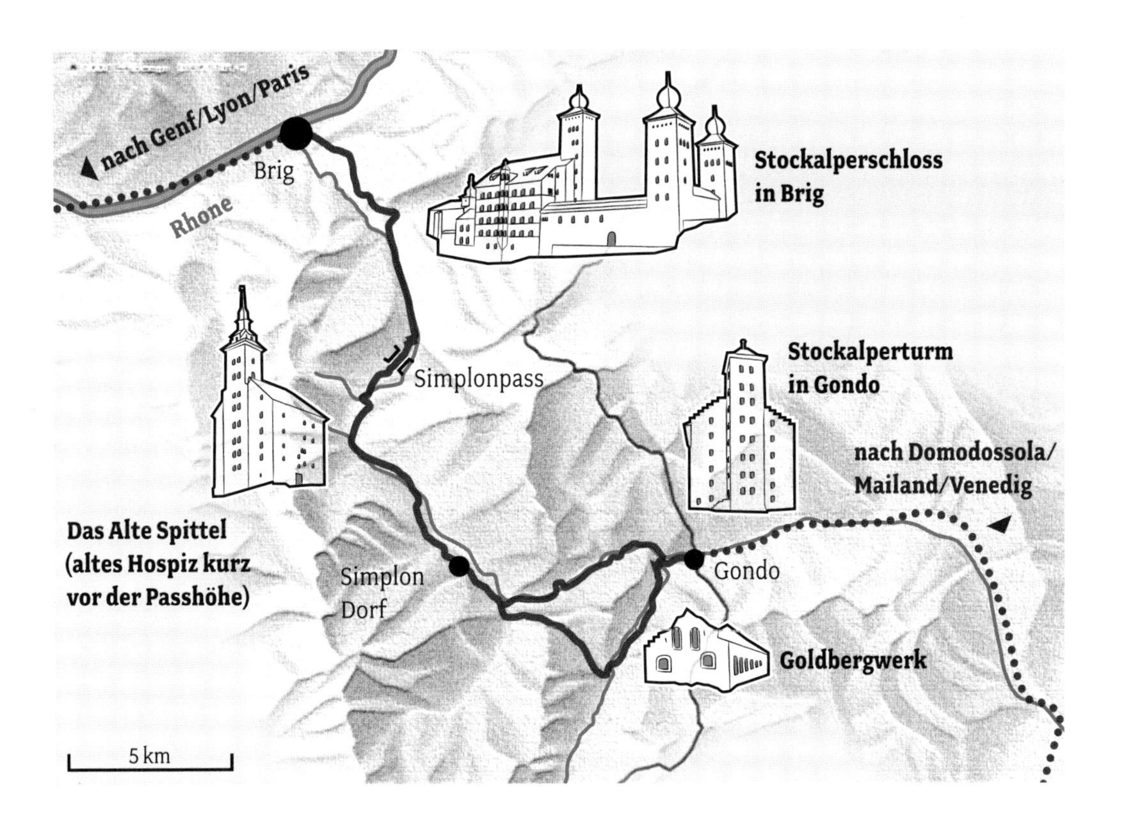

wichtig für beide Seiten. Stockalper sieht glasklar: Bekommt er den Pass in die Hand, kann er bieten, was Europa braucht – «kurtze und mhere sicherheit der strassen».

Geschäft und Politik verschmelzen

Er spricht Deutsch, Französisch, Italienisch, Spanisch, Latein und Griechisch, hat Startkapital und Beziehungen. Er ist gerissen, ehrgeizig und äusserst diszipliniert. Als 25-Jähriger betritt er mit einem Paukenschlag die Bühne: Im März 1634 führt Stockalper mit 200 Helfern Prinzessin Marie-Marguerite de Bourbon-Soissons, Gattin des Prinzen von Savoyen, über den Simplon, mit vier Prinzen, 50 Edlen und 100 Pferden im Gefolge. Dafür wird er reich belohnt, vor allem aber etabliert er sich sogleich im Geflecht der Fürstenhöfe. Kaspar Jodok Stockalper heiratet Magdalena Zumbrunn, die eine schöne Mitgift in die Ehe bringt, aber schon nach drei Jahren stirbt.

Das Kapital investiert er in sein Projekt: Er baut den Saumweg aus und reorganisiert den Transport. Durch geschicktes Lavieren hält er den Simplon aus den europäischen Wirren heraus, macht sich auf beiden Seiten nützlich, verdient gut daran und dehnt seinen Einfluss im Wallis aus. Auch seine zweite Ehe 1638 mit Cäcilia von Riedmatten festigt seine Stellung. Er sichert sich nach und nach alle Monopole, die das Land zu verge-

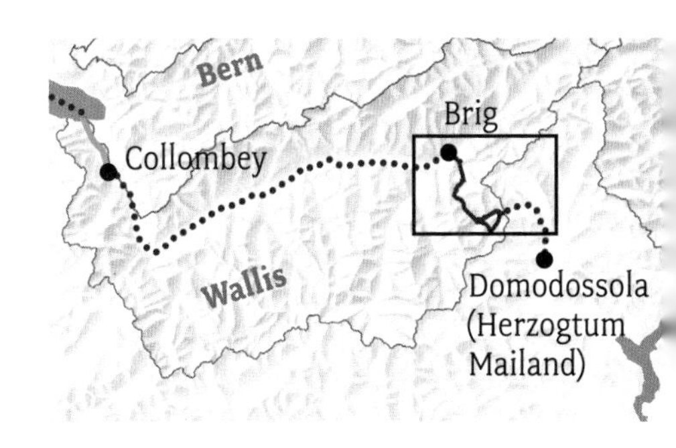

Die Schlüsselstelle: Mit Hospizen, Schutztürmen, Brücken und einem Kanal baut Stockalper den Weg von Domodossola über den Pass nach Brig und weiter an den Genfersee aus. So garantiert er Europas Grossmächten eine sichere Versorgungsroute.

— Stockalperweg über den Simplon-Pass
... Transitroute über die Alpen
— Stockalper-Kanal

Von Kaiser Ferdinand III. geadelt: Kaspar Jodok Stockalper «vom Thurm» darf ein nobles Wappen führen. Die drei Wurzelstöcke verweisen auf seine Familienherkunft von der Stockalp.

[rechts] **Wahlspruch und Anagramm: «Gottes Günstling soll die Gewinne abschöpfen». Stellt man die Buchstaben um, erhält man «Casparus Stocalper» (Ausschnitt aus einem Fresco im Stockalperpalast in Brig).**

ben hat, wie Lärchenharz, Zunderschwämme und Schnecken, die er dem französischen Hof verkauft. Bald erhält er das Monopol auf den Warentransit am Simplon und zur Krönung 1648 das Salzmonopol. Salz ist für die Viehwirtschaft zum Pökeln und Käsen unerlässlich, erlaubt lukrative Spekulationen und macht ihn zur Schlüsselfigur.

Stockalper hat viel Talent, Loyalitäten und Abhängigkeiten zu schaffen. Kühl sorgt er dafür, dass sich seine Familie mit Clans wie den Supersaxo, Perrig und Lambien verschwägert, denen er wiederum Karrieren ermöglicht. Berechnend setzt er Kontakte, Ämter und Geld ein. Er verteilt Pensionen und Pfründen, schliesst Geheimabkommen, besticht Beamte, tauscht am französischen Hof Söldner und Kredite gegen Handelsprivilegien und entreisst verarmten Schuldnern die Pfandwerte. «Nihil solidum nisi solum» heisst einer seiner Leitsprüche: «Nichts ist beständig ausser Grund und Boden.» Bald besitzt er riesige Güter – von Mailand bis

SOSPES LVCRA CARPAT

NOMEN ET OMEN

Lyon nächtigt er stets in eigenen Häusern. Die Simplonroute mit Brücken, Susten, Lagern und dem Stockalperkanal im Unterwallis ist das Rückgrat seiner Macht. Er ist kapitalistischer Unternehmer und machiavellistischer Regent in einem und hat sich ein System geschaffen, in dem sich Politik und Geschäft hochschaukeln. 1670 wird Stockalper zum Landeshauptmann gewählt, zum obersten Chef von Exekutive, Legislative und Judikative. Fast unbegrenzt ist seine Macht.

Stockalpers Siegel.

«Sospes lucra carpat»

Stockalper ist zutiefst religiös. Sein Prunkschloss in Brig errichtet er nach spirituellen Ideen. Die Türme benennt er nach den drei Königen Kaspar, Melchior und Balthasar, dekoriert sie mit Sonne, Mond und Stern und fügt weitere Trinitäten hinzu: die Erzengel, die Kardinaltugenden und die Dreieinigkeit selbst. Er schmückt seine Hauskapelle mit einem Silberaltar und Reliquien und gefällt sich als Gönner. So holt er die Kapuziner, die Ursulinen und die Jesuiten nach Brig, baut Klöster, Kirchen, Spitäler, Schulen und Heime – und wechselt so reales Kapital in symbolisches, das wiederum sein reales mehrt.

Wie passen Geldgier und Titelsucht zu seiner Religiosität? Der Schlüssel liegt in einem Spruch, den er oft benutzte: «Sospes lucra carpat» – «Gottes Günstling soll die Gewinne abschöpfen». Für Stockalper waren irdischer Reichtum und himmlisches Heil direkt verbunden. Wer nach Kräften tut, wozu er fähig ist, wird von Gott belohnt. Kapitalanhäufung ist nicht Selbstzweck, sondern eine religiöse Handlung und ein Gradmesser für ein gottgefälliges Leben. Diese Denkfigur war im Protestantismus und Calvinismus jener Zeit verbreitet. Ihr Kern ist eine Heilsökonomie: Irdischer Reichtum wird vom grossen Zahlmeister am Tag des Jüngsten Gerichts in ewiges Heil gewechselt. Überraschend ist, dass der Jesuitenschüler und Gegenreformator Stockalper solches zu seiner Glaubenswahrheit machte. Dass es bei ihm jedoch um mehr als um das persönliche Heil ging, verrät ein wichtiger Fingerzeig: Zu seinem Wahlspruch setzte er den Satz «nomen et omen», also «Name und Vorbedeutung». Und tatsächlich:

«Sospes lucra carpat» ist ein Anagramm. Stellt man die Buchstaben um, erhält man «Casparus Stocalper». Die Sentenz gibt den göttlichen Auftrag und nennt zugleich – den Auserwählten. Der papsttreue Stockalper sieht sich zeitlebens als «miles christi», als Soldat Christi, der all seine Kraft, sein Talent und sein Vermögen einsetzen soll, um Gottes Reich auf Erden zu errichten und zu festigen.

1676 dreht der Wind. Nach 40 Jahren ist Stockalpers Macht im Wallis erdrückend geworden. Viele aus der Führungselite sehen sich von lukrativen Geschäften ausgeschlossen und durch seinen Prunk deklassiert. Besonderen Hass hegt Adrian Inalbon, denn Stockalper hat ihm einst die Hand seiner Tochter verweigert. Die rivalisierenden Sippen schmieden nun eine Allianz, um Stockalpers Dominanz zu brechen. Fast alle öffentlichen Personen, alle Bezirke und der Bischof sind bei ihm verschuldet; von 110 Abgeordneten im Landtag könnten 89 nicht zurückzahlen, ohne ihre Güter zu verlieren. So kehren sich nun die Abhängigkeiten, die vorher Loyalität erzeugten, ins Gegenteil: Viele würden profitieren, wenn er stürzt.

Intrigen bringen ihn zu Fall

Als 1677 das Salzmonopol erneuert werden soll, schlägt die Stunde der Rache. Im Geheimen schmieden Stockalpers Feinde den Plan, ihn ein für alle Mal zu Fall zu bringen. Im Mai 1678 legen sie am Landtag eine Anklageschrift vor, die Stockalper 16 Delikte anlastet: Er habe das Salzmonopol missbraucht, Zölle illegal erhöht, Söldner betrogen, Ämter erschlichen. Sein Reichtum und seine Machtfülle bedrohten die Republik. Zur Alleinherrschaft fehle ihm nur noch der Titel. Sie zwingen Stockalper unter Todesdrohung, sich schuldig zu bekennen und all sein Hab und Gut abzuliefern. Er wird in Sitten festgesetzt und erst freigelassen, als er als Landeshauptmann abdankt, die Salzvorräte, Waffendepots und Schutzbauten übergibt und ein horrendes Lösegeld zahlt.

Im Juni 1678 kehrt Stockalper in sein Schloss zurück und trifft dort auf die Kommissäre der Regierung. Sie inventarisieren sein Vermögen für die Beschlagnahmung. Wie kann er es retten, ohne einen Meineid zu leisten? Der Legende nach trägt er all sein Gold und Silber in der Hauskapelle zusammen, legt die eine Hälfte auf den Altar und verbirgt die andere darunter. Dann breitet er die Arme darüber aus und schwört, all seine Schätze lägen unter seinen Händen – und rettet so einen rechten Teil.

Ansonsten leisten die Kommissäre ganze Arbeit. Ihr Inventar listet alle Immobilien von Ernen bis St. Léonard auf. Wert: 2.200.200 Walliser Pfund. Das entspricht 122.233 Kühen, eine Kolonne von 270 Kilometern. Eine Magd müsste 366.700 Jahre dafür arbeiten. Diese Schätzung umfasst jedoch nicht den Schlossbesitz in Brig, nicht die Güter im Val d'Ossola, nicht die Gebiete jenseits von Sitten und auch keine Mobilien – zusammen wohl noch einmal so viel.

Aufs landesverträgliche Mass gestutzt

Entschlossen zerschlagen seine Feinde sein Imperium, strengen Zivilprozesse an und suchen einen Weg, Stockalper gerichtlich den finalen Stoss zu versetzen. Adrian Inalbon, nun die Nummer zwei im Land, findet den Hebel: Stockalper sagte einmal, sein Onkel Anton sei 1627 auch unschuldig exekutiert worden, und man wolle ihm nun dasselbe Schicksal bereiten. Diese Äusserung ist laut Inalbon eine «Majestätsbeleidigung», ein Verbrechen gegen den Staat – und verlangt die Todesstrafe. Stockalper, von Getreuen gewarnt, bleibt nur die Flucht.

Nach fünf Jahren im Exil in Domodossola erlauben ihm die politischen Verhältnisse die Rückkehr. Stockalper muss Abbitte leisten und Mässigung versprechen. Seine letzten Jahre verbringt er unbehelligt auf seinem Schloss. Das verbliebene Vermögen ist nach wie vor beachtlich. Seine Dynastie jedoch ist bedroht: Von den 14 Kindern starben viele früh, fünf Stammhalter hat er überlebt, und 1688 stirbt auch noch Sohn Petermann Stockalper, dem er die Geschäfte übergeben wollte. Dieser hinterlässt indes einen Sohn, der den Mannesstamm bis ins 20. Jahrhundert fortsetzen wird. Kaspar Jodok Stockalper beschliesst am 29. April 1691 mit 82 Jahren sein Leben. Er hat die Lage am Simplonpass und die Chancen der Zeit genutzt und als erster Schweizer Multi alle Verhältnisse gesprengt – bis er aufs landesverträgliche Mass zurückgestutzt wurde.

William Nicholas Hailmann
Kindergärten für die Welt

Er war der grosse Mann für die ganz Kleinen. Der Glarner William Nicholas Hailmann hat die Idee des Kindergartens in die USA exportiert und massgeblich mitgeholfen, dass sich die Kleinkind-Erziehung und der Begriff Kindergarten weltweit verbreiteten.

I William Nicholas Hailmann, 1836–1920.

Der Kindergarten heisst in den USA wie im Deutschen: Kindergarten. Wer sich wundert und nachforscht, landet im vorletzten Jahrhundert in Glarus. Von dort stammt William Nicholas Hailmann. Viel mehr als Schulstuben hat er in seinem Leben nicht gesehen. Aber was er in ihnen erfuhr, machte ihn zu einem der wichtigsten Pädagogen der USA. Hailmann führte den Kindergarten ein und prägte ein halbes Jahrhundert lang das amerikanische Schulsystem. Er gilt dort als bedeutendster Verfechter der modernen Pädagogik und wird in einem Atemzug genannt mit Johann Heinrich Pestalozzi und Friedrich Fröbel. In seiner Schweizer Heimat hingegen ist er ein Nobody.

Ein Leben für die Kinder: William Hailmann gilt in den USA als wichtigster Bildungspionier.

Pestalozzi im Kopf

William Hailmann kommt am 20. Oktober 1836 in Glarus zur Welt. Der Vater entwirft Sujets für die boomende Textilindustrie. Bald nach Williams Geburt zieht die Familie in den Thurgau, wo er in einem grossen Haus aufwächst. Seine Eltern vermitteln ihm in Pestalozzis Sinn eine ganzheitliche Bildung von Kopf, Herz und Hand. William malt, liest und sammelt viel praktische Erfahrung. «Ich wurde ermutigt, Zeit in einer nahen Mühle zu verbringen oder in der Zimmerei oder der Schusterei, wo ich viel lernte durch eigenes Tun», notiert er später. «Der Schreiner lehrte mich mit seinen Holzresten viele Dinge, die mir grosse Freude machten. Oder ich begleitete einen Nachbarn in die Weinberge und Felder, die die Hügel bedeckten.»

Sein erster Kontakt mit einem Lehrer hingegen ist traumatisch. Am ersten Schultag muss er wegen eines Mitschülers lachen und bekommt vom Lehrer statt einer warmen Begrüssung eins auf die Finger, worauf der Sechsjährige stracks nach Hause rennt. Der Lehrer alter Schule wird bald ersetzt durch einen Pestalozzi-Anhänger, der Hailmann so gut fördert, dass er schon nach zwei Jahren in eine höhere Schule übertritt. Dort wird erneut nach alter Sitte gepaukt und gestraft, sodass William sich querstellt und hinausgeworfen wird. An der nächsten Schule erhält er wieder einen fortschrittlichen Pädagogen mit dem Namen Himmel, der ihn sehr fördert. So kommt William 1849 mit 13 Jahren ans polytechnische Gymnasium in Zürich, wo er Naturwissenschaften, alte Sprachen sowie Italienisch, Französisch und Englisch lernt.

Schon mit 15 macht er den Abschluss. Eigentlich will er Arzt werden, doch da besucht ihn ein Cousin aus Texas. Dieser erzählt von erfolgreichen Siedlern und überzeugt William, in die USA zu kommen. Im Frühjahr 1852 reisen die beiden über Paris und London nach New York. Hailmann zieht weiter nach Louisville, Kentucky, um den dortigen Schweizer Konsul und Familienfreund zu besuchen. Er arbeitet in einem Lebensmittelladen, in einem Textilgeschäft und in der Stickerei des Konsuls. Die Bekanntschaft mit einem Musiklehrer führt schliesslich dazu, dass er 1853 an einem Mädchen-College moderne Sprachen zu unterrichten beginnt.

Obwohl er den Lehrerberuf nie anstrebte, kommt er jetzt auf den Geschmack. «Natürlich war ich überglücklich. Hier endlich würde ich in meinem Element sein mit der Möglichkeit, meine eigenen Studien weiterzuverfolgen. Meine Arbeit, in der ich meinem verehrten Lehrer Herr Himmel folgte, wurde sehr geschätzt, und nach einer Weile wurde ich fest angestellt.» Er beginnt ein Medizinstudium am Louisville Medical College. Aber seine Sprachkenntnisse und sein pädagogisches Talent sind so gefragt, dass er sich an der High School von Louisville als Lehrer für moderne Sprachen und Naturwissenschaften engagieren lässt. Seine eigenen Lehrer waren ihm eine Lehre. Und so erprobt er nun in seinen Klassen die fortschrittlichen Methoden, von denen er selbst am meisten profitiert hat.

Fröbel im Gepäck

Ende 1857 heiratet der 21-Jährige die ein Jahr ältere Eudora Lucas, eine gebildete Frau aus einer liberalen Familie, die Musik und Kunst studiert hat. Sie bekommen eine Tochter und drei Söhne und sind ein Powerpaar. Eudora begnügt sich nicht mit der Rolle als Hausfrau und Mutter, sondern kämpft für die Frauen-, Mädchen- und Elternbildung. Als engste Vertraute Williams' startet sie eine glänzende Karriere. In seiner Arbeit an der High School stellt Hailmann fest, dass die Lehrmethoden auf den vorgelagerten Stufen unzureichend sind. Nun erkennt er die Entwicklung des amerikanischen Schulsystems und insbesondere der Elementarstufe als sein Feld.

1860 ist ein Schlüsseljahr. Das junge Paar reist in die Schweiz und besucht Hailmanns Eltern. Manches hat sich verändert im jungen Bundesstaat, auch im Schulsystem. «Viel Zeit verbrachte ich damit, Schulen und Lehrer zu besuchen. Speziell interessiert war ich an Kindergärten und Primarschulen. Die Arbeit in diesen öffnete mir neue Ideale und offenbarte mir die Wunder von Fröbels Botschaft», notiert er.

Der deutsche Erzieher Friedrich Fröbel hatte 1808 bis 1810 an Pestalozzis Institut in Yverdon gearbeitet, dessen Elementarmethode erweitert und die Bedeutung der frühen Kindheit entdeckt. Nach Studien in Deutschland lebte er von 1831 bis 1836 wieder in der Schweiz, gründete in Wartensee und Willisau ein Erziehungsheim und leitete das Waisenhaus Burgdorf. Vor allem war Fröbel weit herum bekannt als «Vater des Kindergartens». Den ersten gründete er 1840 in Bad Blankenburg in Thüringen. In Deutschland gab es damals erst «Kleinkinderbewahranstalten», um die Kleinsten zu versorgen, während die Eltern in den Fabriken malochten.

Bei Fröbel dagegen sollten Kinder mit Spiel, Gesang und Naturkontakt angeregt und angeleitet werden.

Den Namen «Kindergarten» nannte Fröbel «eine Offenbarung». «Kinder sind wie Blumen. Man muss sich zu ihnen niederbeugen, wenn man sie erkennen will.» Sie seien bunt und bräuchten Pflege, um zu gedeihen. Fröbel propagierte seine Idee, richtete Kindergärten ein und bildete Betreuerinnen aus. 1851 jedoch wurden Kindergärten in Preussen «wegen destruktiver Tendenzen auf dem Gebiet der Religion und Politik» verboten. Während die Entwicklung in Deutschland fast zehn Jahre stillstand, breitete sich die Fröbel-Bewegung in anderen Staaten Europas und vor allem in der Schweiz aus.

Als Hailmann 1860 in Zürich von Fröbel hört, erkennt er seine künftige Aufgabe. Er macht sich die Idee zu eigen, dass Erziehung gelinge, wenn von Anfang an aktives Lernen die äussere und die innere Welt verknüpft. Die Idee keimt in seinem Kopf und reist nun über den Atlantik.

Eine Idee geht um die Welt: Das Kindergartengebäude in La Porte (um 1885) war das erste im Bundesstaat Indiana und eines der ersten in den USA.

Die Saat geht auf

Nach dem Dienst als Major der Union im Bürgerkrieg erhält Hailmann ein Amt, in dem die Saat aufgehen kann. Amerika ist ein fruchtbarer Boden für neue Ideen wie Kindergärten. Was in Deutschland den Widerstand von Kirchen und Konservativen provoziert hatte, ist in den USA ausdrücklich erwünscht: Das Einwandererland versteht sich als «Schmelztiegel» und will den Familieneinfluss verringern, um schon Kleinkinder in öffentlichen Institutionen zu «richtigen» Amerikanern zu machen.

So baut Hailmann in Louisville die deutsch-amerikanische Akademie nach Fröbels Grundsätzen auf. 1865 richtet er als integralen Teil der Akademie den ersten eigenen Kindergartenraum der USA ein. 1866 und 1871 reist Eudora in die Schweiz, besucht Kindergärten, studiert Methoden und wird laut William «ein fortschrittlicher Leader in diesem Feld». Vereinzelte Fröbelianer waren schon vorher in den USA aktiv. So betrieb Margarethe Meyer-Schurz aus Hamburg 1856 in ihrem Privathaus in Watertown (Wisconsin) den ersten Kindergarten für deutsche Familien. Elizabeth Peabody gründete 1860 in Boston einen englischsprachigen Kindergarten. Der Deutsche Adolph Douai lancierte 1859 in Boston und 1866 in New York deutsche Kindergärten. Viele dieser Einrichtungen hielten sich jedoch nur kurz oder entsprachen nicht der Fröbel-Idee. Hailmann und Eudora dagegen propagieren den fröbelschen Kindergarten von Anfang an planmässig als eigene Institution des Schulsystems. So verhelfen sie ihm in wenigen Jahren landesweit zum Durchbruch.

In Milwaukee baut Hailmann als Direktor der deutsch-amerikanischen Akademie Hand in Hand mit Eudora Schulen und Kindergärten auf. Gleiches tun sie in Detroit und La Porte, Indiana. Dort richtet Hailmann als Leiter der öffentlichen Schulen das ganze Bildungssystem neu aus. Indiana wird so der erste US-Staat, wo Kindergärten formell Teil des öffentlichen Schulwesens sind. Daneben geben die Hailmanns die Zeitschrift *The Kindergarten Messenger and New Education* heraus und richten das Fröbel-Institut ein, das zum Kindergartendepartement der Berufsorganisation National Education Association wird. Sie arbeiten so eng zusammen, dass sich laut der Hailmann-Biografin Dorothy W. Hewes nicht sagen lässt, wer welche Idee hatte. Bauklötze, Modellierton, Puppenstuben, Sandkästen, Kinderlieder, Gruppenarbeit – im hailmannschen Labor entstehen Methoden, Materialien und Aktivitäten, die Generationen prägen.

1894 ernennt der demokratische Präsident Grover Cleveland den Glarner zum Nationalen Superintendenten der Indianerschulen. Hailmann entwickelt neue Bücher und bildet indianische Lehrer aus. Wegen knapper Mittel arbeitet die ganze Familie gratis mit. Nach drei Jahren setzt der republikanische Präsident William McKinley das Projekt aber ab. Darauf erleidet Eudora «einen Anfall nervlicher Erschöpfung».

Hailmann, nun 61-jährig, bleibt ein gefragter Mann. Er erhält hohe Schulämter in Dayton, Chicago und – nach Eudoras Tod 1905 und der Heirat mit Helena Kuhn – in Cleveland. Überall führt er die fröbelschen Ideen ein. Insgesamt schreibt er 13 Bücher, von Unterrichtsfibeln bis zu Standardwerken wie *Kindergarten Culture, Early Education* und die kommentierte Übersetzung von Fröbels Hauptwerk *Die Menschenerziehung*. 1914 geht er nach Kalifornien in Pension. Am 13. Mai 1920 stirbt er mit 84 Jahren in Pasadena.

Wort auf Wanderschaft

Kein Pädagoge hat das Bildungswesen der Neuen Welt so stark geprägt wie Hailmann. «Kindergartens» sind dank ihm dort fest verankert. Das Konzept hat sich weltweit durchgesetzt. Und so wurde auch der Begriff «Kindergarten» zu einem der erfolgreichsten Wanderwörter überhaupt, nicht nur in den USA, Kanada, Australien und Neuseeland, sondern auch in Mexiko, Ägypten, Kuwait, Indien, Nepal, Singapur, Hongkong und Bangladesch. Viele weitere Staaten haben es in die Landessprache übersetzt. So gehen die Kinder der Welt in den «Jardin d'enfants», den «Giardino d'infanzia», den «Jardín d'infantes». In China besuchen sie den «You er Yuan», in Südkorea den «Yuchi Won», in Russland den «Детский сад». Und auch in Afghanistan sind sie im «Kudakistan», im «Kindland», gut aufgehoben.

Josephine Zürcher
Schweizer Ärztin im Orient

Josephine Zürcher war eine zweifache Pionierin: Sie war eine der ersten Schweizer Ärztinnen. Und sie praktizierte ein Leben lang ausgerechnet dort, wo sie es als Frau am schwersten hatte – in der Männergesellschaft des Osmanischen Reiches.

I Josephine Zürcher, 1866–1932.

Die Gerüchte verfolgen sie nun schon seit der Abreise in Alexandrette im östlichen Mittelmeer, und mehr noch seit sie die syrische Provinzstadt Aleppo hinter sich gelassen hat. In allen Karawansereien wird erzählt, der berüchtigte Kurdenfürst Ibrahim Pascha mache mit seiner Reitermiliz die Gegend zwischen Euphrat und Urfa unsicher. Genau dorthin ist Josephine Zürcher unterwegs. Es ist Juli 1897 und die 31-jährige Ärztin ist nun schon seit Wochen auf der Reise. Im Mai ist sie in Zürich aufgebrochen, um im türkischen Urfa ein Spital aufzubauen. Decken, Kleider, medizinisches Besteck, Apotheke, Mikroskop und eine Pistole mit 100 Schuss hat sie in ihre zwei Koffer gepackt, ist mit dem Schiff nach Beirut gefahren und weiter der Küste entlang Richtung Norden nach Alexandrette (heute Iskenderun), wo der deutsche Handelsgehilfe und Lehrer Henry Fallscheer sie abgeholt hat. Wegen der Gerüchte um den unberechenbaren Kurdenchef Ibrahim Pascha haben sich in Aleppo immer mehr Karawanen vereint, um unter Geleitschutz nach Urfa zu gelangen.

Prominenter Patient: Josephine Zürcher operiert 1897 den gefürchteten Kurdenführer Ibrahim Pascha.

Kurzhaarschnitt und Männerkleider

Josephine Zürcher hatte kurz vor ihrer Abreise in Genf bei einem Reitunfall einen Schädelbruch mit klaffender Wunde erlitten. Deshalb trug sie nun einen Kurzhaarschnitt. Zudem hatte die «Hohe Pforte» (die Verwaltung des Sultans im Osmanischen Reich) bestimmt, dass die junge Ärztin östlich von Aleppo Männerkleidung zu tragen und draussen wie in der Klinik als Mann aufzutreten habe; nur bei Visiten in Harems sollte sie Frauenkleider anziehen. Diese osmanische Bestimmung hatte es wiederum erforderlich gemacht, bei den schweizerischen und deutschen Behörden die Erlaubnis zum Tragen von Hosen zu erwirken. So absonderlich dies scheint – aber in der Kleiderfrage kam zum Ausdruck, wie schwer sich die Behörden hier wie dort damit taten, dass diese Frau sich in den Kopf gesetzt hatte, im Männerberuf des Arztes und erst noch im Orient tätig zu sein. Für Josephine hingegen ging es bei Haaren und Hosen vor allem ums Praktische, denn es reitet sich nun mal leichter im Herrensitz und ohne heikle Frisur.

Eben haben die Reisenden den Euphrat überquert, haben in Birecik Logis bezogen und sind müde ins Bett gesunken, da preschen ein paar Dutzend Reiter in den Hof der Karawanserei. Ihr Herr, Ibrahim Pascha, habe einen schlimmen Arm und hohes Fieber, verkünden die Kerle, er müsse sofort behandelt werden. In aller Eile richtet Frau Dr. Zürcher einen Operationsplatz her, kocht Wasser ab und desinfiziert die Instrumente. Dann Hufgetrappel, Trommeln, Kommandos – der gefürchtete Pascha mit Gefolge trifft ein.

Der Räuberhauptmann fällt in Ohnmacht

Josephine Zürcher weiss, dass eine Ärztin in dieser archaischen Männerwelt befremdend wirkt. Statt einen Mann zu spielen, legt sie es nun aber darauf an, dass der Kurdenfürst sie als weiblichen Arzt akzeptiert. «Ich hatte den weissen Operationsmantel umgelegt und ein weisses Kopftuch um die Haare gelegt, sodass ich durchaus weiblich erscheinen musste, worauf ich stets Wert legte», schrieb sie später. Ibrahims rechter Arm ist stark geschwollen, eine wüste Entzündung. «Dieser hartgesottene Koloss, dem ein oder mehrere Menschenleben nichts galten, zeigte den rührenden, hilfeflehenden Blick eines schwerverwundeten Tieres, das auf den Arzt wie auf seine Vorsehung schaut und bedingungslose Unterwerfung und blindes Zutrauen verspricht.» Als sie dem Pascha den Arm rasiert, taucht er weg. «Ich griff nach meinem schärfsten tiefbauchigen Messer – es war ein wahrer Türkensäbel – und machte einen tiefen Schnitt von der Schulterhöhe herunter. Seitlich stiess ich in einen prallen Abszess, dessen Inhalt, ein dicker Eiter, wie eine gewaltige Flüssigkeitssäule am Skalpell vorbeidrängte.»

Nach wenigen Stunden ist der Räuberhauptmann wieder reisefähig. Er schenkt ihr einen Gebetsteppich und sagt: «O meine Tochter, mit deinen Seiden- und Samthänden, verschmähe nicht meinen Rat: Du hast eine gottgesegnete Kunst, aber die grösste Wichtigkeit des Lebens ist für das Weib die Ehe! Die Zuneigung, der Schutz eines Mannes, die Anhänglichkeit der Kinder, die sie ihm bringt, ist tausendmal wertvoller und besser als jede Kunst und alle Ehre der Welt. Inschallah!» Genau diese zwiespältige Haltung wird Josephine Zürcher auf all ihren Stationen im Orient begleiten: Die Menschen schätzen ihren ärztlichen Beistand, aber die Mächtigen wollen sie nicht machen lassen, weil sie eine Frau ist. Im ganzen Osmanischen Reich ist sie eine der ersten Ärztinnen, im türkischen Nahen Osten die erste überhaupt.

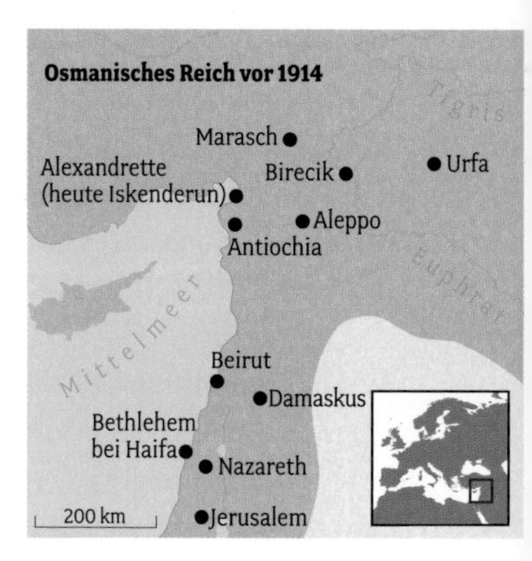

Die Stationen von Josephine Zürcher im Nahen Osten 1897 bis 1917 und 1922 bis 1930.

Kindheit im Waisenhaus

Dass sie Ärztin wurde, war nicht selbstverständlich. Sie kam am 1. Oktober 1866 in Zürich zur Welt. Ihr Vater Eduard arbeitete sich aus armen Verhältnissen hoch. Er war Soldat für den König von Neapel, dann Schweizer Gardist, stellvertretender Stationsvorstand bei der Spanisch-Brötli-Bahn und schliesslich Hausmeister am Polytechnikum (ETH). Ihre frühe Kindheit in der Dienstwohnung am Poly war glücklich. Aber als Sephy – so wurde sie genannt – acht Jahre alt war, stürzte der Vater eine Treppe hinunter und erholte sich nie mehr. Er musste die Arbeit aufgeben und starb 1875 mit 52 Jahren. Ihre Mutter Barbara (geb. Hirt) eröffnete ein Kolonialwarengeschäft in Zürich-Hottingen und arbeitete hart, um die Kinder durchzubringen. Zwei ältere Geschwister lebten bei ihren Lehrmeistern. 1979 riet der Vormund, Josephine und ihren kleineren Bruder Max ins städtische Waisenhaus zu geben.

Die vier Jahre im Waisenhaus sind hart. Sephy berichtet von kargem Essen, harter Arbeit, strenger Zucht. Aber im Nachhinein ist sie dankbar für die Lebensschule. «Lernen dürfen ist das schönste Geschenk des Lebens», sagte ihre Mutter oft. Mit fünfzehneinhalb Jahren schliesst sie mit guten Noten die Sekundarschule ab. Vor der Waisenpflege darf sie ihre Wünsche äussern. Ärztin wolle sie werden, sagt sie bestimmt, dafür bete sie täglich. Alle schweigen betroffen. Man erklärt ihr, Arzt sei ein Männerberuf, aber Sephy beharrt. Hatte nicht Marie Heim-Vögtlin als erste Schweizerin sich das Arztstudium erkämpft, jene Frau Doktor mit der Praxis in Hottingen? Die Waisenpflege beschliesst, Sephy zunächst ans Lehrerinnenseminar zu lassen, die einzige Schule für Mädchen, die bis zur Matur führt; das Gymnasium ist noch den Knaben vorbehalten.

Sie ist eine gute Schülerin, Latein liebt sie, Mathematik weniger und Naturwissenschaften gar nicht. Ein Lehrer spricht sie konsequent mit «Joseph» an und lässt sie fühlen, dass sie hier fehl am Platz sei. Sie beschwert sich und beschliesst, ihm nicht mehr zu antworten. Schliesslich weist der Rektor den Lehrer an, sie mit richtigem Namen anzusprechen, aber sie schweigt beharrlich und wird nur deshalb nicht ausgeschlossen, weil sie gute Noten macht. 1886 besteht sie die Matur und tritt euphorisch das Medizinstudium an.

Ärztin aus Leidenschaft

Die Universität Zürich lässt Frauen seit 1867 zur Prüfung zu und ist damit eine der ersten Universitäten, ausser jenen in Frankreich und den USA. Der Durchbruch gelang der Russin Nadeschda Suslowa, die 1867 den Doktor in Medizin gemacht hatte. Die ersten Studentinnen waren fast alle Medizinerinnen, vor allem aus Russland, Deutschland und England. Von 62 Medizinstudentinnen in den ersten dreissig Jahren bis 1897 waren bloss 13 Schweizerinnen. Sephy Zürcher ist die einzige Frau in ihrem Semester. Nach fünf Semestern besteht sie die Vorprüfungen mit gut bis sehr gut, auch in den Naturwissenschaften. Und nach nur zehn Semestern macht sie 1891 mit Bravour das Staatsexamen – als fünfte Schweizerin überhaupt.

Eine Anstellung an einer Klinik ist ihr verwehrt, die akademische Laufbahn sowieso. So geht sie nach Paris, mit einer Empfehlung ihres Professors Auguste Forel, Chefarzt der Irrenanstalt Burghölzli und Begründer der Psychiatrie in der Schweiz. In Paris studiert sie Nervenkrankheiten. Eine Assistenzstelle in einer Irrenanstalt in der Schweiz ist aber un-

Die Ärztin und ihr Team 1897 in Urfa (von links nach rechts): Laufbursche, Apothekergehilfe Avedis [vorn]**, Apotheker Sarkis Efendi, Leibwächter Hasan, Henry Fallscheer, Dr. Josephine Zürcher, Gehilfe Arusch** [vorn]**, Dr. Abraham Attarian.**

denkbar. So arbeitet sie in Davos als Militärärztin und in Bern als Praxisvertretung. Dann beginnt sie ihre Dissertation. Forel schlägt ihr als Thema die französische Nationalheldin Jeanne d'Arc vor. Ihre Studie *Jeanne d'Arc. Vom psychologischen und psychopathologischen Standpunkte aus* kommt zum Schluss, die Jungfrau von Orléans sei nicht geisteskrank oder hysterisch gewesen, sondern habe an «habitueller hallucinatorischer Ekstase» gelitten. Sie sei eine pathologische Persönlichkeit, wie die meisten Genies, wenn man Genie wie Wahnsinn als Abweichung von der Norm verstehe. 1895 promoviert Josephine Zürcher zum Doktor der Medizin, als 13. Schweizerin.

Da sie keine Stellung findet, folgt sie ihrem Bruder Max, Kunststudent, nach Florenz und belegt medizinische Kurse. Dann sieht sie die Anzeige: Ein Sanatorium in Dresden sucht eine Ärztin. Eine Weile arbeitet sie dort in der Klinik. Doch unverhofft meldet sich ein gewisser Alfred Ilg, Minister am Hof von Kaiser Menilek von Abessinien (siehe «Ein Thurgauer rettet Abessinien», S. 73–78). Ilg sucht eine Ärztin für die Hofdamen in Addis Abeba und hat von ihr gehört. Sephy ist sofort Feuer und Flamme, wünscht sie sich doch schon lang, fremde Länder zu bereisen und zugleich ihren Beruf auszuüben. Sie ist mit Ilg fast handelseinig. Da erfährt sie, dass Menilek nicht mit Geld honoriert, sondern mit Grundbesitz. Darauf will sie sich nicht einlassen und sagt schweren Herzens ab.

Fast gleichzeitig lernt sie den Berliner Theologen Johannes Lepsius kennen. Von 1894 bis 1896 ist es in der Türkei zu Massakern an der christlichen Minderheit der Armenier gekommen. Die Not ist gross, vor allem braucht es Ärzte, um Verletzte zu versorgen und Seuchen zu bekämpfen. Vergeblich hatte Lepsius einen Arzt gesucht, der für sein Armenierhilfswerk «Deutsche Orientmission» nach Urfa geht. Josephine zögert keine Sekunde, es treibt sie die Leidenschaft für den Beruf und Abenteuerlust.

Berufsverbot in Urfa

In Urfa sind überall die Folgen der Armenier-Pogrome sichtbar. Sephy Zürcher richtet sofort ihr Spital ein. Am 22. Juli 1897 wird es eröffnet, bald drängen sich bis zu 200 Patienten im Hof. Unterstützt wird sie von einem armenischen Arzt, einem Apotheker, einem Diener, einem Leibgardisten und dem in Palästina aufgewachsenen Henry Fallscheer, der die Administration erledigt. Kein halbes Jahr später trifft jedoch ein Brief vom Sultanshof ein: Die «Hohe Pforte» verbietet ihr jede ärztliche Tätigkeit, weil sie kein türkisches Diplom hat. Das türkische Examen kann sie aber nicht nachholen, weil Frauen nicht zugelassen sind. Sie reist sofort nach Konstantinopel, ihr Gesuch wird abgelehnt. Laut Statistik hat ihr Spital in gut fünf Monaten 11 970 Konsultationen und 142 chirurgische Eingriffe durchgeführt. Ein Basler Arzt wird ihr Nachfolger in Urfa. Sie selbst erhält vom Innenministerium gegen eine horrende Summe immerhin einen «Permis» für den Bezirk Aleppo weiter südlich.

In Aleppo findet Henry Fallscheer, mit dem Josephine inzwischen verlobt ist, eine Stelle als Kaufmann bei der Schweizer Handelsfirma Schüepp & Co. Im Juni 1899 heiraten sie, auch weil Josephine als Frau nicht rechtskräftig entscheiden und mit Ämtern verhandeln darf. Kurz nach der Heirat richtet sie ihre Praxis ein, die einzige europäische weit und breit. Und 1901 bringt sie in einer Zangengeburt, bei der sie selbst den Geburtshelfer instruiert, ihre einzige Tochter Gerda zur Welt.

Die Praxis bringt kaum etwas ein, denn nach Landessitte bezahlt jeder, was er vermag, Reiche mehr, damit Arme gratis behandelt werden können. Während einer Cholera-Epidemie eröffnet Josephine eine Apotheke. Dem Chef der Cholera-Kommission ist die «Provinzhebamme» jedoch ein Dorn im Auge: Er sucht Wege, um ihre Zulassung für ungültig zu erklären. Er zwingt sie, für die Klinik eine neue Bewilligung zu kaufen. Er veranlasst ein Gesetz, wonach Apotheken nur mit türkischem Diplom geführt werden dürfen. Und als Henry ein solches erlangt, erlässt er eine auf sie gemünzte Klausel, wonach Arzt und Apotheker nicht verwandt sein dürfen. Eine Frau, die das Vertrauen der Bevölkerung gewinnt, besser Bescheid weiss und anders als türkische Ärzte Zutritt zu den Harems

hat – das darf aus der Sicht der Oberen nicht sein. Wieder muss Josephine aufgeben. Sie hadert mit ihrem Schicksal in diesem Land, wo Einsatz und Pflichterfüllung nichts helfen, wenn sie als Frau dem Sultan nicht genehm ist.

Andrang im Provinzspital: Patienten und Personal im Innenhof der Klinik in Urfa 1897. Josephine Zürcher im Türrahmen hinten Mitte (in weisser Bluse).

Im Dauerprovisorium

Für Sephy und Henry heisst es packen für eine Odyssee von einem Provisorium zum nächsten. In Marasch nördlich von Aleppo kann Sephy im Deutschen Missionsspital ein Jahr den Chefarzt vertreten, behandelt viele Verstümmelte der Armenier-Massaker und Patienten mit Infektionen und Schlangenbissen. Henry unterrichtet sechs Tagesreisen entfernt an der Amerikanischen Universität in Beirut. Dann ziehen die beiden nach Antiochia westlich von Aleppo, wo Sephy eine Praxis und Henry ein Handelsgeschäft eröffnet. Kaum eingerichtet, erhält er eine Stelle als Buchhalter bei der Deutschen Palästina-Bank in Haifa. Sephy setzt sich wortlos hin und bricht in Tränen aus. Für Henry bedeutet es ein grosses Glück und die Rückkehr ins Land seiner Kindheit, für sie eine weitere Entwurzelung.

In Haifa treffen sie 1905 ein und kommen etwas zur Ruhe. Die Stadt mit dem einzigen Hafen der Küste ist kosmopolitisch und moderner als die Provinz. Palästina gehört zum Osmanischen Reich, aber die Bevölkerung ist halb christlich, halb mohammedanisch; westliche Staaten spenden viel, um die bedrängten Christen zu schützen und Kirchen, Missionen und Spitäler als Bollwerke gegen den Islam zu halten. Sephy richtet eine Praxis ein und behandelt Epidemienkranke, hält Sprechstunden in den

Josephine Zürcher mit ihrer 4-jährigen Tochter Gerda 1904 in Marasch.

nahen Dörfern und verarztet zudem über 100 Pferde zweier deutscher Fuhrhaltereien. 1909 wird Henry nach Nazareth versetzt. Sephy, nach einer Malaria geschwächt, reduziert die Praxis in Haifa und hat nun Zeit zum Schreiben. Sie legt ihre Erfahrung in Fachartikeln nieder und stellt sich in einem aufsehenerregenden Artikel gegen ihren ehemaligen Professor Auguste Forel, der die Unsterblichkeit der Seele als Humbug bezeichnet hatte. 1912 wird Henry zum Bankleiter in Nablus befördert, wo auch christliche Frauen den Schleier tragen müssen. Als Ehefrau muss sich Sephy dem Mann unterordnen, die Berufsausübung wird ihr untersagt, nur zu Notfällen wird sie geholt. «Warum bin ich als Frau geboren und nicht als Mann!», ruft sie aus.

Kaum sind die beiden sesshaft, kündigt sich im Sommer 1914 der Erste Weltkrieg an. Alles ist in Aufruhr, Kriegsvorbereitungen, Soldatenkolonnen, Flüchtlingsströme. Sie bleiben, bis die Bank liquidiert wird. Dann ziehen sie nach Jerusalem, wo Henry als Lehrer arbeitet und Sephy die Leitung des Deutschen Spitals übernimmt. Die Lage spitzt sich zu, Lebensmittel werden knapp, Seuchen brechen aus, Sephy erkrankt erneut an Malaria. Und in den Provinzen kommt es zur Verfolgung und planmässigen Vernichtung der Armenier mit Massakern und Todesmärschen.

Zurück in Europa

Im März 1917 wird Henry zum Wehrdienst nach Deutschland einberufen. Das Paar reist nach Esslingen am Neckar. Sephy stellt sich als Ärztin zur Verfügung, Henry wird nach wenigen Wochen aus der Armee entlassen, weil der Lehrermangel gross ist. Als nach dem Krieg die Frauen in Deutschland die politische Gleichstellung erhalten, wird Josephine Zürcher deutlich: In der *Stuttgarter Zeitung* schreibt sie: «Wenn mir nun im 53. Lebensjahr nicht nur Staatspflichten auferlegt werden, sondern mir auch Staatsrechte erwachsen, so vermag ich darin nicht etwa ein ganz unverdientes, gnädig bewilligtes Geschenk zu erblicken, sondern nur die reichlich spät erfolgte Aufhebung einer Rechtsverkürzung, einer sozialen Ungerechtigkeit, einer politischen Benachteiligung, einer wirtschaftlichen Schädigung.»

1921 planen Sephy und Henry eine Reise nach Jerusalem, um der betagten Schwiegermutter beizustehen. Doch da hustet Sephy plötzlich Blut. Das Röntgenbild zeigt eine abgeheilte Tuberkulose, die wieder aufflackert. Sie erholt sich in Herisau, dann im Tessin, bleibt aber schwach. «Nur im Orient kann ich gesund werden», schreibt sie Henry. Anfang 1922 fährt sie mit Tochter Gerda nach Haifa. Die Familie lässt sich in Bethlehem nieder, in einem umgebauten Stall voll Ungeziefer. Sie führt keine Praxis mehr und behandelt vor allem Schlangenbisse. Später ziehen sie in eine Dienstwohnung im Schulhaus. Von 1925 bis 1930 leben sie wieder in Jerusalem, wo Henry unterrichtet. Weil die Schule aber keine Altersversorgung bietet und sie in all den Jahren nichts sparen konnten, muss Henry in den deutschen Schuldienst übertreten. Schweren Herzens nimmt Sephy Abschied vom Orient.

Sie ziehen nach Stuttgart, wo Sephy Kranke besucht und seelsorgerisch tätig ist. Dann zwingt sie hohes Fieber ins Bett. Sie stirbt 66-jährig am 10. Juli 1932. Ihr Leben sei «farbig und abenteuerlich» gewesen, wie sie es sich gewünscht habe, sagte sie einmal. Sie bereue nichts. Josephine Zürcher war eine Pionierin, die ihren Weg ging – da, wo sie als Arzt am meisten gebraucht wurde und es als Ärztin am schwersten hatte.

Jost Bürgi
Mit ihm beginnt die Neuzeit zu ticken

Diß buch zeiget künstlich aen
wie begriffen werden kan
Mathematischer instrument
Dryangels gehaimnus bhent
DVRCH WISZENHAIT DISER KVNST
ERLANGT ICH GROSZER HERRN GVNST

Er hat nie eine Universität besucht, aber das Universum neu geordnet. Der geniale Mathematiker und Astronom Jost Bürgi aus dem Toggenburg baute um 1580 Uhren und Himmelsgloben, entdeckte den Logarithmus und schenkte der Welt die Sekunde.

Jost Bürgi, 1552–1632.

Es ist ein einsames Geschäft, das der kleine Mann mit dem struppigen Bart da betreibt, nächtens im Stadtschloss zu Kassel. Eines, das Genauigkeit verlangt und Geduld und keine Ablenkung duldet. Jost Bürgi sitzt im Eckzimmer und späht in den Himmel. Es ist eine von vielen Nächten, die der Mittdreissiger schon so zugebracht hat in Europas erster Sternwarte. Mit dem Sextanten visiert er einen Fixstern am Firmament an, lauscht dem Ticken der Uhr und notiert eine Zahl in die riesige Tabelle – Basisdaten für eines der kühnsten Projekte seiner Zeit.

Landgraf Wilhelm IV. von Hessen, selber Mathematiker und Astronom, lässt die Bahnen aller Sterne und Planeten genauestens aufzeichnen. Das soll den empirischen Beweis liefern für das revolutionäre heliozentrische Weltbild, das Kopernikus 1543 kurz vor seinem Tod postuliert hat und das von der katholischen Kirche als Ketzerei bekämpft wird. Kopernikus' Theorie basiert auf der Annahme, dass sich die Planeten um die Sonne bewegen.

Jost Bürgi ist 1579 in den Dienst des Landgrafen getreten und hat sich beim Hofastronomen Christoph Rothmann rasch unentbehrlich gemacht. Er kann nämlich etwas, was für dieses Projekt entscheidend ist: genauste Messinstrumente konstruieren und neue mathematische Verfahren finden, um die riesigen Berechnungen zu schaffen. Landgraf Wilhelm der Weise ist entzückt von Bürgi. Er sei «im Aufspüren neuer Wege ein zweiter Archimedes».

Hightech: Jost Bürgis astronomische Tischuhr von 1591. Er verziert sie erstmals mit einer Darstellung des Kopernikus und dessen heliozentrischen Weltbildes.

Vom Toggenburg an den Hof

Jost Bürgi wurde am 28. Februar 1552 in Lichtensteig im Toggenburg geboren. Sein Vater Lienz lebte als Schlosser in einem ärmlichen Haus am Rand des Städtchens. Mehr als das Abc, das Einmaleins und das Schlosserhandwerk gab es nicht zu lernen im 400-Seelen-Dorf. Wegen der dürftigen Möglichkeiten ging der junge Bürgi früh auf Wanderschaft. Man glaubt, er habe in einem der grossen Zentren Zirkelschmied, Instrumentenbauer und Uhrmacher gelernt, in Mailand, Florenz, Cremona, Nürnberg oder Augsburg. Aber das ist nicht belegt. Höhere Bildung genoss Bürgi jedenfalls keine, denn die damalige Gelehrtensprache Latein lernte er nie. Auch in Deutsch formulierte er unbeholfen und blieb schreibfaul. Was wir wissen, verdanken wir seinem Schwager und Pflegesohn Benjamin Bramer sowie Forscherkollegen, die seine Entdeckungen notierten.

Um 1570 kommt Jost Bürgi nach Strassburg. Dort wird am Münster eine astronomische Uhr gebaut, ein technisches Wunderwerk aus Schweizer Hand: Isaak und Josua Habrecht aus Schaffhausen machen das Uhrwerk, der Schaffhauser Tobias Stimmer den Schmuck, der Frauenfelder Mathematiker Konrad Dasypodius die Berechnungen. Bürgi ist ein höchst

lernbegieriger Geselle. Er fällt jedenfalls durch mathematisches und technisches Talent auf, so sehr, dass gar der Landgraf auf ihn aufmerksam wird.

Im Juli 1579 holt ihn der Feudalherr nach Kassel. Er schätzt ihn als Fachmann und Freund. «Wir Wilhelm von gotts gnaden landgrave zu Hessen, thun kunth und bekennen hirann, dass wir unsern lieben getreuen Joist Burgi von Liechtensteig aus Schweicz zu unserm auermacher und diehner auf- und angenommen haben», steht im Anstellungsbrief. Gegen ein grosszügiges Gehalt soll er alle landgräflichen Uhren in Schuss halten und neue bauen. Der 27-jährige Bürgi siegelt den Brief selbstbewusst mit einem neuen Wappen: Die Eule seiner Familie ergänzt er mit einem halben Zahnrad und zwei Sternen, Zeichen seines Berufs und der Hingabe an die Astronomie.

Mechanik vom Feinsten: Einer von Jost Bürgis berühmten Himmelsgloben, hergestellt 1585.

Das Universalgenie erwacht

Im Observatorium macht er Messungen, wartet das Inventar und ersinnt neue Instrumente: Sein Triangulationsgerät erlaubt der Artillerie, Entfernungen zu feindlichen Stellungen zu errechnen, sein Reduktionszirkel ermöglicht es, Zeichnungen massstabsgetreu zu vergrössern und zu verkleinern. Er baut ein Gerät zum perspektivischen Zeichnen und einen Sextanten, mit dem ein Mann allein die Positionswinkel der Gestirne bestimmen kann. Meisterwerke sind Bürgis Himmelsgloben mit fast 50 Sternbildern, tausend Sternen, sieben Planeten und raffiniertem Antrieb. Der Landgraf verschenkt sie gern an andere Höfe, und bald ist Bürgi weit herum ein Begriff.

Für die Sternbeobachtungen konstruiert der fleissige Mann aus dem Toggenburg 1585 eine Uhr, die genauer ist als alle bisherigen. Sie hat erstmals drei Zeiger und tickt hörbar in kurzen Intervallen, wie er sie benötigt, um den Durchgang der Sterne durch die Meridiane zu messen. Damit kreiert Bürgi eine neue Masseinheit: Neben der Stunde und ihrem Bruchteil «pars minuta prima» gibt es nun den «zum zweiten Mal verminderten Teil», die «pars minuta secunda» – die Sekunde. 24 x 60 x 60 Sekunden – so lang dauert es, bis die Sonne nach einem Tag wieder am selben Punkt steht. Hofastronom Rothmann berichtet dem Landgrafen: «Das aber wenigstens müssen wir erwähnen, dass die erste Uhr mittels ihrer drei Zeiger nicht nur die einzelnen Stunden und Minuten, sondern auch die einzelnen Sekunden angibt.» Dann beschreibt er die gefühlte Dauer der neuen Einheit. «Die Dauer einer Sekunde ist nicht so sehr kurz, sondern kommt der Dauer der kleinsten Note in einem mässig langsamen Liede gleich.» Wilhelm IV. ist begeistert und meldet stolz, dass «unser minuten- und secundenuhrlein» dank einer neu konstruierten Unruh in 24 Stunden nicht eine Minute falsch laufe – ein gewaltiger Forschritt gegenüber der üblichen Viertelstunde.

Jost Bürgi entwickelt die Technik weiter. Seine Kreuzschlaghemmung, ein Dreimonats-Federantrieb und feinstes Räderwerk machen die Uhren zu Präzisionsinstrumenten. Nun kann er Ortszeit und Lage, Durchgangszeit und Distanz von Gestirnen so genau bestimmen wie nie zuvor. 1591 präsentiert er eine astronomische Tischuhr, die alles vereint: Sonnenzeit, Sternbilder am Horizont, Sonne und Mond im Tierkreis, Mondphase, Kalender – und als Verzierung erstmals Kopernikus und sein ketzerisches Weltmodell.

Vom Kaiser geadelt

Bürgis Ruhm dringt bis an den Kaiserhof in Prag. 1592 bestellt Kaiser Rudolf II. einen Globus von Bürgi und wünscht, dieser möge ihn persönlich bringen. So kommt es im Juli zu einer Audienz mit weitreichenden Folgen. Als Bürgi nach Kassel zurückkehrt, ist der Landgraf Wilhelm überraschend gestorben. Sein Sohn und Nachfolger Moritz erneuert zwar den Vertrag, aber Bürgi hat nun einen direkten Draht zum Kaiserhof. In den nächsten Jahren reist er oft nach Prag und vertieft den Kontakt zum dortigen Astronomen Johannes Kepler und zum Mathematiker Nicolaus Reimers. Schon 1586 hatte er für Reimers ein Planetenmodell gebaut, wofür dieser ihm Kopernikus' Werk zu den Gestirnen vom Latein ins Deutsche übersetzt hatte. Reimers sieht Bürgi «auf einer Ebene mit Archimedes und Euklid».

Und Kepler, zum Prager Hofastronomen avanciert, findet, dass der Schweizer «in mathematischer Kenntnis und Erfindungsgabe viele der dortigen Professoren übertrifft». 1604 beruft der Kaiser den 52-jährigen Bürgi als Keplers Assistenten. Er erhält auf der Burg Wohnung, Werkstatt, Gehilfen und ein fürstliches Gehalt.

Nach wenigen Jahren adelt der Kaiser den Schlossersohn für seine Leistungen und erlaubt ihm ein Wappen mit kaiserlicher Helmzier. Kepler prophezeit ihm, er werde «als Uhrmacher und Mathematiker wohl einmal so berühmt werden, wie es Albrecht Dürer als Maler gewesen ist». Bürgi ist nun ein angesehener Mann und sich seines Standes bewusst. So verweigert er einmal seine Unterschrift, weil er als «kaiserlicher Astrologe» statt als Astronom bezeichnet wird. Und als der Feldherr Wallenstein ihn um ein Horoskop bittet, wird der sonst so Zurückhaltende schnippisch: «Eure vorgeblichen Thematas sind Absurditäten, die nur für Esel und Dummköpfe passen.» Und das sei er ja wohl nicht.

Einfacher rechnen

Hand in Hand arbeiten Kepler und Bürgi zusammen. Der fehlsichtige Kepler schätzt Bürgis Beobachtungsgabe und seine Präzisionsuhren. Vor allem aber beeindruckt ihn eine andere Erfindung, die Bürgi vorher weitgehend für sich behalten hat. Bereits in Kassel musste Bürgi mit Zahlenhaufen jonglieren. So verlegte er sich darauf, Verfahren zu entwickeln, wie man vielstellige Ziffern einfacher rechnen kann. Nach dreijähriger Arbeit erstellte er 1598 seinen «Canon Sinuum», eine Tafel, auf der alle Sinuswerte für Winkel im Intervall von zwei Bogensekunden auf acht Stellen nach dem Komma verzeichnet sind. Zudem entwickelte er die Dezimalschreibweise für Brüche und einige abgekürzte Rechenverfahren.

Am wichtigsten ist seine Entdeckung des Logarithmus. Jost Bürgi arbeitete seit 1588 an einem Verfahren, das Rechenvorgänge massiv verkürzt, indem es Multiplikationen auf Additionen und Divisionen auf Subtraktionen zurückführt. Spätestens 1605 hat er die erste brauchbare Logarithmentafel beisammen, lange bevor 1614 der Schotte John Napier seine publiziert. Kepler drängt seinen stillen Freund, die Entdeckung zu verbreiten und schilt ihn: «Der zaudernde Geheimniskrämer liess sein neugeborenes Kind im Stich, anstatt es zum allgemeinen Nutzen gross zu ziehen.» Vielleicht will Bürgi sein heimliches Rechenmittel auch allein nutzen, eher jedoch hindern ihn Lateinmangel und Schreibhemmung.

Schliesslich lässt er 1620 die *Arithmetischen und Geometrischen Progresstabuln* in wenigen Vorausexemplaren drucken. Die Publikation fällt jedoch in eine kritische Zeit. 1618 haben in Prag die böhmischen Wirren begonnen. Die *Tabuln* gehen nicht in Serie, auch nicht die unerlässliche Anleitung dazu. Der Dreissigjährige Krieg brandet durchs Land, Kaiser lösen sich rasch ab, und nach einigem Hin und Her kehrt Bürgi 1631 mit seiner zweiten Frau definitiv nach Kassel zurück. Dort stirbt er am 31. Januar 1632 im Alter von 80 Jahren.

Der Schweizer Galileo

Jost Bürgis Beitrag zur Wissensexplosion der Neuzeit ist immens. Seine Sinustabellen führten algebraische Methoden in der Geometrie ein. Seine Logarithmen öffneten die Tür zu einer neuen Mathematik. Sein Reduktionszirkel war ein Vorläufer des Rechenschiebers, den erst der Taschenrechner ablöste. Seine Himmelsgloben – einer davon steht im Schweizerischen Landesmuseum Zürich – setzten Massstäbe. Und nur dank seinen Uhren gelang es, die keplerschen Gesetze der Planetenbewegung in elliptischen Bahnen um die Sonne zu finden.

Mit der Sekunde schliesslich hat Jost Bürgi das Mass aller Dinge geschaffen. Sie ist die wichtigste Einheit der technisch-physikalischen Welt. Als Basis der Zeit leiten sich von der Sekunde alle Zeitangaben im Universum ab. Und seit der Meter definiert ist als die Strecke, die Licht im Vakuum in $^1/_{299\,792\,458}$ Sekunden zurücklegt, basiert auch die Vermessung des Raums auf der Sekunde. Das gesamte raumzeitliche Koordinatennetz des Mikro- und Makrokosmos tickt nach Bürgi.

Sein Name gehört deshalb in die Reihe der grossen Mathematiker und Astronomen der Weltgeschichte: Pythagoras, Euklid, Archimedes, Ptolemäus, Kopernikus, Kepler, Descartes, Newton, Galilei. Dass Jost Bürgi kein Latein konnte und fast nichts Gedrucktes hinterliess, hat ihm die Aufnahme in die Galerie der Grossen verwehrt. Aber das Bildungsdefizit war zugleich eine Voraussetzung für seine Leistung. Der kleine Mann aus dem Toggenburg wusste das genau und frotzelte einmal: «Weil mir auss mangel der Sprachen die thür zu den authoribus nit allzeit offen gestanden wie anderen, hab ich etwas mehr, als etwa die glehrte und belesene, meinen eigenen gedanckhen nachhengen und neue wege suechen müessen.»

Anhang

Weiterführende Literatur

John Krüsi: Thomas Edisons rechte Hand

Baldwin, Neil: Edison. Inventing the Century. New York 1995.

Dyer, Frank Lewis / Martin, Thomas Commerford: Edison. His life and inventions. 1966.

Friedel, Robert / Israel, Paul: Edison's Electric Light. Biography of an Invention. New Brunswick 1986.

Hammond, John Winthrop: Men and Volts. The Story of General Electric. Philadelphia, London, New York 1941.

Israel, Paul: Edison. A Life of Invention. New York 1998.

Witschi, Peter: Appenzeller in aller Welt. Auswanderungsgeschichte und Lebensschicksale. Herisau 1995, S. 222–225.

Würger, H: Johann Heinrich Krüsi (1843–1899). In: Bulletin des Schweizerischen Elektrotechnischen Vereins, ASE 65 (1974) 12, 15. Juni, S. 898.

WEBLINKS

http://www.spiritus-temporis.com/john-kruesi/career.html; 6.4.11

http://www.ieeeghn.org/wiki/index.php/John_Kruesi; 6.4.11

http://americanhistory.si.edu/lighting/19thcent/invent19.htm; 6.4.11

Maurice Koechlin: Ihm verdankt Paris den Eiffeltum

Dubas, Pierre: Der Beitrag des ETH-Ingenieurs und Eiffelturm-Konstrukteurs Maurice Koechlin zur Entwicklung der Stahlbauweise. In: Dipl. Ing. Maurice Koechlin und der Eiffelturm. Schriftenreihe der ETH-Bibliothek, Heft 27. Zürich 1990.

Koechlin, Maurice: La tour de 300 mètres à l'exposition universelle de Paris. In: Schweizer Bauzeitung, Band 13, 1889, S. 146–148.

Köhler, Michael: Der Eiffelturm. München 1990.

Trautz, Martin: Maurice Koechlin (1856–1946). Der eigentliche Erfinder des Eiffelturms. In: Deutsche Bauzeitung, Heft 4/2002, S. 105–110.

WEBLINKS

Webside der Familie Koechlin: www.koechlin.net; 28.4.2011

Jacob Nufer: Der Schweinekastrator und sein Schnitt des Lebens

Gélis, Jacques: Die Geburt. Volksglaube, Rituale und Praktiken von 1500 bis 1900. München 1989.

Lehmann, Volker: Der Kayserliche Schnitt. Die Geschichte einer Operation. Stuttgart 2006.

Megerlin, D. Amadeus: D. Johannis Sculteti, Wund-Arzneyisches Zeug-Hauss, Frankfurt 1666. Megerlin übersetzte das Werk von Johannes Scultetus vom Lateinischen ins Deutsche. Er nahm dabei den Fall Nufer auf und übersetzte auch den lateinischen Text von Caspar Bauhin von 1588.

Mörgeli, Christoph / Wunderlich, Uli: Über dem Grabe geboren. Kindsnöte in Medizin und Kunst. Zürich 2002.

Bauhin, Caspar / Rousseto, Francisco: Foetus vivi ex matre viva sine alterius vitae periculo caesura, conscripta Casparo Bauhino, Basel 1588. Bauhin übersetzte das Werk von François Rousset aus dem Französischen ins Lateinische. Im Anhang schildert er den Fall Nufer.

Schäfer, Daniel: Geburt aus dem Tod. Hürtgenwald 1999.

Schlumbohm, Jürgen et al. (Hg.): Rituale der Geburt. Eine Kulturgeschichte. München 1998.

Stark, Michael (Hg.): Der Kaiserschnitt. Indikationen – Hintergründe – Operatives Management der Misgav-Ladach-Methode. München 2009.

Trolle, Dyre: The History of Caesarean Section. Kopenhagen 1982.

WEBLINKS

Lateinischer Originaltext von Caspar Bauhin 1588:

http://books.google.de/books?id=7-VnP8DjAFYC&printsec=frontcover&dq=Fran%C3%A7ois+Rousset+Caspar+Bauhin&source=bl&ots=13ynWFYwe4&sig=VaizHxYy_Uq8t5C9d3iJg6ErnfE&hl=de&ei=WAiOTNjZBYKL4QbGveH-Cg&sa=X&oi=book_result&ct=result&resnum=6&ved=0CC4Q6AEwBQ#v=onepage&q&f=false; 28.4.11

Deutsche Übersetzung von Amadeus Megerlin 1666, in: Lehmann, Volker: Der Kayserliche Schnitt. Die Geschichte einer Operation. Stuttgart 2006. S. 82–83.

Louis Chevrolet: Ein Leben auf der Überholspur

Barras, Pierre: L'aventure Louis Chevrolet. Porrentruy 1991.

Chevalley, Jacques: Chevrolet. Un nom, une famille. Dijon 1992.

Kimes, Beverly Rae / Ackerson, Robert C.: Chevrolet. A History from 1911. 2. Ed.. Kutztown (Pen.) 1986.

Schmid, Hans-Rudolf: Louis Chevrolet (1878–1914). Coureur et constructeur d'automobiles aux Etats-Unis. In: Pionniers suisses de l'économie et de la technique 6. Ed. Cercle d'études en matière économique. Zürich 1964, S. 65–87.

Schmid, Hans-Rudolf: Louis Chevrolet (1878–1914). Pionier des Automobils in den Vereinigten Staaten, Begründer einer Weltmarke. In: Schweizer Pioniere der Wirtschaft und Technik 11. Hg. v. Verein für Wirtschaftshistorische Studien Zürich. Zürich 1960, S. 47–67.

Sinzig, Martin: Louis Chevrolet. Der Mann, der dem Chevy seinen Namen gab. Frauenfeld 2011.

WEBLINKS

http://home.earthlink.net/%7Escrippsbooth/index.html; 28.4.2011

http://www.vintagechevrolet.org/1911/index.htm; 18.4.2011

Pietro Antonio Solari: Ein Tessiner lehrt Russland das Glänzen

Burian, Jiri / Svidkovskij, Oleg A.: Der Kreml in Moskau. Architektur und Kunst. Stuttgart 1975.

Crivelli, Aldo: Artisti Ticinesi in Russia, Locarno 1966.

Duncan, David Douglas: Der Kreml. Seine Schätze und seine Geschichte, Düsseldorf, Wien 1980.

Malaguzzi Valeri, Francesco: I Solari. Architetti e scultori lombardi del XV secolo. In: Italienische Forschungen Bd. 1. Hg. v. Kunsthistorischen Institut in Florenz, Berlin 1906, S. 59–168, bes. 112–132.

Martynowa, Marina / Tschorny, Valentin: Der Kreml, Geschichte – Architektur – Museen, Gütersloh 1987.

Viganò, Marino: Tra Mosca e Narva. Anton Pietro Solari da Carona, un «Friazin» famoso al Cremlino. In: Arte & Storia, Jg. 3, Heft 15, Mai/Juni 2003, S. 106–114.

Wladimirskaja, Nonna S. / Kostikowa, Rimma S.: Der Moskauer Kreml. Reiseführer. Moskau 1996/97.

WEBLINKS

http://www.vokrugsveta.ru/vs/article/1683/; 29.4.2011

http://www.kremlin.museum.ru/img/uploaded/files/MaterialsInvestigations/part05/v05s04_Belobrova.pdf; 29.4.2011

Hermann Schreiber: Der Wind trägt ihn über die Alpen

Schreiber, Hermann: Meine Alpensegelflüge, Aero-Revue 10/1935, S. 227–229.

Tilgenkamp, Erich: Schweizer Luftfahrt, Band III, Aero-Verlag, Zürich 1943, S.87–89.

Dokumente und Notizen im Nachlass bei Sabine Schreiber, St. Gallen.

WEBLINKS

http://www.flymicro.com/everest/index.cfm?page=docs%2FHistory%2FMingbo_airfield.htm; 29.4.2011

Madame Tussaud: Geschäfte mit Köpfchen

Berridge, Kate: Waxing Mythical. The Life and Legend of Madame Tussaud, London 2006.

Capus, Alex: Himmelsstürmer. Zwölf Portraits. München 2008.

Leslie, Anita / Chapman, Pauline: Madame Tussaud. Waxworker Extraordinary. London 1978.

Pilbeam, Pamela: Madame Tussaud And The History of Waxworking. London 2003.

Ransom, Teresa: Madame Tussaud. A Life and A Time. Stroud 2003.

Weiss, Sabine: Die Wachsmalerin. Das Leben der Madame Tussaud. Berlin 2008.

Louis Agassiz: Der Schweizer Humboldt und sein Schatten

Balmer, Heinz: Louis Agassiz – der Mann und sein Werk. In: Louis Agassiz 1807–1873. Vorträge an der Gedenkfeier zum 100. Todestag, gehalten an der 153. Jahresversammlung der Schweizerischen Naturforschenden Gesellschaft. Lugano 20. Okt. 1973. Denkschriften der Schweizerischen Naturforschenden Gesellschaft. Band LXXXIX., S. 9–20.

Bolles, Edmund Blair: Eiszeit. Wie ein Professor, ein Politiker und ein Dichter das ewige Eis entdeckten. Berlin 2000.

Fässler, Hans: Reise in Schwarz-Weiss. Schweizer Ortstermine in Sachen Sklaverei. Zürich 2005, bes. S. 145–153.

Gould, Stephen Jay: Der falsch vermessene Mensch. Aus dem Amerikanischen von Günter Seib. Basel, Boston, Stuttgart 1983.

Kaeser, Marc-Antoine: Un savant séducteur. Louis Agassiz (1807–1873). Prophète de la science. Neuchatel 2007.

Kuhn-Schnyder, Emil: Louis Agassiz als Paläontologe. In: Louis Agassiz 1807–1873. Vorträge an der Gedenkfeier zum 100. Todestag, gehalten an der 153. Jahresversammlung der Schweizerischen Naturforschenden Gesellschaft. Lugano 20. Okt. 1973. Denkschriften der Schweizerischen Naturforschenden Gesellschaft. Band LXXXIX., S. 21–114.

Lüönd, Karl: Lest die Natur und keine Bücher! Louis Agassiz, der «schweizerische Humboldt». In: Ders.: Schweizer in Amerika. Karrieren und Misserfolge in der Neuen Welt. Olten 1979, S. 211–221.

Portmann, Jean-Pierre: Louis Agassiz (1807–1873). In: Louis Agassiz 1807–1873. Vorträge an der Gedenkfeier zum 100. Todestag, gehalten an der 153. Jahresversammlung der Schweizerischen Naturforschenden Gesellschaft. Lugano 20. Okt. 1973. Denkschriften der Schweizerischen Naturforschenden Gesellschaft. Band LXXXIX., S. 115–129.

Winsor, Mary P.: Reading the Shape of Nature. Comparative Zoology at the Agassiz Museum. Chicago, London 1991.

WEBLINKS

http://www.nndb.com/people/774/000082528/; 6.4.11

Alfred Ilg: Ein Thurgauer rettet Abessinien

Biasio, Elisabeth: Prunk und Pracht am Hofe Menileks. Alfred Ilgs Äthiopien um 1900. Zürich 2004.

Ilg, Alfred: Über die Verkehrsentwicklung in Äthiopien. Jahresberichte der Geographisch-Ethnographischen Gesellschaft in Zürich. Vol. 1 (1899–1900), S. 37–59.

Ilg, Alfred: Zur Geschichte der äthiopischen Eisenbahnen. Jahresberichte der Geographisch-Ethnographischen Gesellschaft in Zürich. Vol. 10 (1909–1910), S. 113–134.

Kühn, Christoph: Alfred Ilg. Der weisse Abessinier. Titanicfilm 2004.

Küng, Heribert: Staatsminister Alfred Ilg (1854–1916). Ein Thurgauer am Hof Kaiser Meneliks II. von Äthiopien. Zürich 1999.

Loepfe, Willi: Alfred Ilg und die Äthiopische Eisenbahn, Zürich 1974.

Tafla, Bairu: Ethiopian Records of the Menilek Era. Selected Amaric Documents from the Nachlass of Alfred Ilg. 1884–1900. Wiesbaden 2000.

Pierre Eugène du Simitière: Die Dollarnote – swiss made

Bell, Whitfield J.: Patriot improvers: biographical sketches of members of the American Philosophical Society. Vol. 1, 1743–1768, Philadelphia 1997, S. 504–513.

Van Horne, John C.: Pierre Eugene Du Simitiere. His American Museum 200 Years After. Ausstellungskatalog. An Exhibition at the Library Company of Philadelphia, July to October 1985.

Patterson, Richard S. / Dougall, Richardson: The Eagle and the Shield. A History of the Great Seal of the United States. Washington 1976.

Weber, John: An illustrated Guide to «The Lost Symbol». The History, the Secrets, the Discoveries. The unauthorized companion to the bestselling novel, and to the revealing connection between the freemasons and our nation's capitol. New York 2009.

WEBLINKS

http://www.greatseal.com/index.html; 29.4.2011

Mary Shelley: Frankenstein ist Genfer

Allen, Graham: Shelley's Frankenstein. London 2008.

Bennett, Betty T. (Hg.): Lives of The Great Romantics III. Godwin, Wollstonecraft & Mary Shelley By their Contemporaries. Vol. 3: Mary Shelley. London 1999.

Blaicher, Günther (Hg.): Mary Shelleys «Frankenstein» – Text, Kontext, Wirkung. Vorträge des Frankenstein-Symposiums in Ingolstadt (Juni 1993). Essen 1994.

Bloom, Harold: Mary Shelley. New York 1985

Branagh, Kenneth: Mythos Frankenstein. Düsseldorf 1994.

Marsh, Nicholas: Mary Shelley: Frankenstein. Basingstoke 2009.

Massari, Roberto: Mary Shelleys «Frankenstein». Hamburg 1989.

Pechmann, Alexander: Mary Shelley. Düsseldorf 2006.

Seymour, Miranda: Mary Shelley. London 2000.

Shelley, Mary: The original Frankenstein. Edited by Charles E. Robinson. Oxford 2008.

Sunstein, Emily W.: Mary Shelley. Romance and Reality. Boston, Toronto, London 1989.

Othmar H. Ammann: Wie ein Schaffhauser New York gross macht

Billington, David P.: The Art of Structural Design: A Swiss Legacy. New Haven and London 2003.

Rastorfer, Darl: Six Bridges, The Legacy of Othmar H. Ammann. New Haven, London 2000.

Stüssi, Fritz: Schweizerische Pioniere des Brückenbaues. Rektoratsrede gehalten am 12. November 1949 an der Eidgenössischen Technischen Hochschule. Zürich 1950.

Stüssi, Fritz. Leben und Werk von Othmar H. Ammann, Vortrag gehalten am 11. März 1966 im Technischen Verein Winterthur. Schweizerische Bauzeitung. Sonderdruck aus dem 84. Jg. Heft 38, 22. Sept. 1966.

Talese, Gay: Die Brücke. In ders.: Frank Sinatra ist erkältet. Spektakuläre Storys aus vier Jahrzehnten. Berlin 2005, S. 269–415.

Widmer, Urs: Brücken und Visionen – Othmar H. Ammann (1879–1965). In: Small Number – Big Impact. Schweizer Einwanderung in die USA. Hg. v. Bruno Abegg und Barbara Lüthi, Verein Migrationsmuseum Schweiz. Zürich 2006, S. 85–90.

Widmer, Urs: Othmar H. Ammann (1879–1965). Ingenieur und Brückenbauer. In: Schweizer Pioniere der Wirtschaft und Technik. Fünf Schweizer Brückenbauer. Hg. Verein für wirtschaftshistorische Studien Zürich. Zürich 1985, S. 9–31.

WEBLINKS

http://www.library.ethz.ch/de/Ressourcen/Digitale-Kollektionen/Kurzportraets/Othmar-Hermann-Ammann-1879-1965; 6.4.11

http://e-collection.ethbib.ethz.ch/eserv/eth:23236/eth-23236-01.pdf; 6.4.11

Giovanni Stucky: Der Müller von Venedig

Amendolagine, Francesco (Hg.): Molino Stucky. Ricerche storiche e ipotesi di restauro. Venezia 1995.

Basaldella, Francesco: Stucky. La Memoria di un mito. Venezia 2006.

Galán, Emilio / Zezza, Vulvio (Hg.): Protection and Conservation of the cultural Heritage oft he mediterranean Cities. Lisse 2002.

Giuseppetti, Raffaella: Un Castello in laguna. Storia dei Molini Stucky. Venezia 1995.

Pellegrini, Imelde Rosa: L'altro secolo. Cent'anni di storia sociale e politica a Portogruaro (1870–1970). Portogruaro 2001.

Captain Henry Wirz: Einer muss hängen

Kieser, Rolf: Hauptmann Henry Wirz und die Hintergründe des Andersonville-Prozesses. In: Schweizerische Zeitschrift für Geschichte, 18 (1968), 1. S. 47–68.

Lüönd, Karl: Der Tod auf dem Schimmel. Captain Henry Wirz, Kommandant des Gefangenenlagers Andersonville, Georgia. In: ders.: Schweizer in Amerika. Karrieren und Misserfolge in der Neuen Welt. 131–138. Olten 1979.

Ruhlman, R. Fred: Captain Henry Wirz and Andersonville Prison. A Reappraisal. University of Tennessee, Knoxville 2006.

Schobinger, Viktor: Ein Ende als Sündenbock. In: Zürcherinnen und Zürcher in aller Welt, Zürich 1996, S. 99–104.

Studer, Ruedi: Der Prozess gegen Captain Henry Wirz und seine Hintergründe 1865. Berner Forschungen zur Neuesten Allgemeinen und Schweizer Geschichte. Bd. 5., Nordhausen 2006.

Weibel, Jürg: Captain Wirz. Eine Chronik. Ein dokumentarischer Roman. Bern, München 1991.

WEBLINKS

http://law2.umkc.edu/faculty/projects/ftrials/wirz/wirz.htm; 6.4.11

http://www.spartacus.schoolnet.co.uk/USACWwirz.htm; 6.4.11

Jakob Ammann: Der Fundi aus dem Simmental

Bachmann-Geiser, Brigitte und Eugen: Amische. Die Lebensweise der Amischen in Berne, Indiana. Bern 1988.

Baecher, Robert: Research note: The «Patriarche» of Sainte-Marie-aux-Mines. In: Mennonite Quarterly Review. Januar 2000, Nr. 74, S. 145–157.

Ester, Peter: Die Amish People. Überlebenskünstler in der modernen Gesellschaft. Düsseldorf 2005.

Furner, Marc: Research note: On the Trail of Jacob Ammann. In: Mennonite Quarterly Review. April 2000, Nr. 74, S. 326–328.

Gascho, Milton: The Amish Division of 1693–1697 in Switzerland and Alsace. In: The Mennonite Quarterly Review. Oktober 1937, Nr. 11, S. 235–266.

Gratz, Delbert L.: The Home of Jacob Amman in Switzerland. In: Mennonite Quarterly Review. April 1951, Nr. 25, S. 137–139.

Hostetler, John A.: Amish Roots. A Treasury of History, Wisdom and Lore. Baltimore, London 1989.

Hostetler, John A.: Amish Society (4 Ed.), Baltimore, London 1993.

Hostettler, Paul: Die Täufersippen Amman/Ammen im Bernischen Voralpengebiet. Ihre Verwurzelung und Auswanderung im Zeitraum 1580–1713. In: Mennonitica Helvetica. Bulletin des Schweizerischen Vereins für Täufergeschichte, 26/27 (2003/04), S. 223–262.

Hostettler, Paul: Die Verwurzelung der täuferischen Sippe Amman im Berner Voralpengebiet und ihre Auswanderung. Unveröffentlichtes Manuskript, 104 Seiten, August 2011 (Privatbesitz).

Hüppi, John: Research note: Identifying Jacob Ammann. In: Mennonite Quarterly Review. April 2000, Nr. 74, S. 329–339.

Jecker, Hanspeter: Jakob Ammanns missglückte Verhaftung im Bernbiet (1694). In: Mennonitica Helvetica. Bulletin des Schweizerischen Vereins für Täufergeschichte, 18 (1995), S. 55–67.

Jecker, Hanspeter: Die Entstehung der Amischen. Ein kurzer Abriss über den Stand der Forschung. In: Mennonitica Helvetica. Bulletin des Schweizerischen Vereins für Täufergeschichte. 26/27 (2003/04), S. 215–222.

Kraybill, Donald B.: The Riddle of Amish Culture. Baltimore, London 1989.

Langwasser, Silke: Die Old Order Amish: Eine Glaubensgemeinschaft zwischen Beharrlichkeit und Entwicklung. Marburg 2008.

Lüönd, Karl: Der Linke Flügel der Reformation. Die Wanderungen der Schweizer Täufer nach Amerika. In: Ders. Schweizer in Amerika. Karrieren und Misserfolge in der Neuen Welt. Olten 1979. S. 33–43.

The Mennonite Encyclopedia 1951: Jacob Ammann.

The Mennonite Encyclopedia 1990: Amish, Jacob Ammann.

Mennonitisches Lexikon 1913: Amische Mennoniten, Jakob Ammann.

Miller, Virgil: Both Sides of The Ocean: Amish-Mennonites From Switzerland to America, Morgantown 2002.

WEBLINKS

http://www.gameo.org/encyclopedia/encyclopedia/contents/A4584ME.html; 6.4.11

http://www.gameo.org/encyclopedia/contents/A463ME.html; 6.4.11

http://www.taeufergeschichte.net/index.php?id=jakob_ammann_amische; 6.4.11

Hans Stierlin: Fidel Castro der Kühlschränke

Stierlin, Hans: Kühlschrank beim sozialen Wohnungsbau? Manuskript für einen Artikel in der Zeitschrift «Das Wohnen», April 1958. Im Nachlass bei Peter Stierlin, Aatal.

Stierlin, Hans: Ansprache an der 30. Promotionsfeier der ETH 1974. Manuskript der Rede im Nachlass bei Peter Stierlin, Aatal.

Strehle, Res: Die Aufhebung der Widersprüche zwischen Marx und Ford in der Person des Genossen Stierlin. In: Wochenzeitung, 8. August 1986.

Strehle, Res: Was mit Wärme begann, ruht jetzt im Kühlschrank. In: Wochenzeitung, 25. Juni 1987.

Oscar Tschirky: Bei ihm ist die Weltprominenz zu Gast

Lüönd, Karl: Der Mann, der seinen Namen vergass. Oscar Tschirky, genannt «Oscar of the Waldorf». In: ders.: Schweizer in Amerika. Karrieren und Misserfolge in der Neuen Welt. Olten 1979, S. 202–208.

Schriftgiesser, Karl: Oscar of the Waldorf. New York 1943.

Tschirky, Oscar: The Cook Book. The Werner Company 1896.

WEBLINKS

http://rmc.library.cornell.edu/ead/htmldocs/RMM03990.html; 4.6.11

Hermann Adam von Kamp: Heidis deutscher Vater

Büttner, Peter: Heidi – enthüllt. Unveröffentlichtes Manuskript. Zürich 2010.

von Kamp, Hermann Adam: Adelaide, das Mädchen vom Alpengebirge. In: ders: Natur und Menschenleben. Drei Erzählungen für Kinder. Essen 1830, S. 49–78.

Spyri, Johanna: Heidi's Lehr und Wanderjahre. Eine Geschichte für Kinder und für Solche, welche die Kinder lieb haben. Gotha 1880.

Schindler, Regine: Adelaide – Adelheid – Heidi. Zur These von Peter Büttner. Unveröffentlichtes Manuskript. Uerikon 2010.

Alfred von Rodt: Der Schweizer Robinson

Burgermeister, Rolf: Vom Patrizier zum Inselkönig. Das abenteuerliche Leben des Alfred von Rodt und seiner Vorfahren. Manuskript. Bern 2011. In: Mitteilungsblatt der Genealogisch-Heraldischen Gesellschaft Bern, Nr. 39 (Juni 2010), S. 6–15. – III.

von Rodt, Cäcilie: Aus Central- und Südamerika. Bern 1907.

Von Rodt, Alfred: El diario – Das Tagebuch von Alfredo de Rodt. Subdelegado e inspector de colonia de las Islas Juan Fernández. Mit einer Einführung von Jost Otto Schnyder Meyer. Cumberland 2005.

Ruh, Max: Subdelgado auf der Insel Juan Fernandez (1877–1905). Die Lebensgeschichte des «letzten Robinson» nach seinen Briefen. Santiago de Chile 1974.

Ruh, Max: Apuntes históricos sobre la Colonia Suiza en chile, Santiago de Chile 1975.

Hermann Staudinger: Der Vater der Plastikwelt

Staudinger, Hermann: Arbeitserinnerungen. Heidelberg 1961.

WEBLINKS

http://www.hsgs.uni-freiburg.de/ueberuns/portrait-hs; 6.4.11

http://staudinger.nobel-link.com/1.htm; 6.4.11

http://www.ethistory.ethz.ch/besichtigungen/touren/vitrinen/forschungspfade/vitrine43; 21. März 2011.

http://www.seilnacht.com/chemiker/chesta.html; 21. März 2011.

http://nobelprize.org/nobel_prizes/chemistry/laureates/1953/staudinger.html; 21. März 2011.

http://staudinger.nobel-link.com/1.htm; 21. März 2011.

http://www.encyclopedia.com/topic/Hermann_Staudinger.aspx; 21. März 2011.

Kaspar Jodok Stockalper: Er bringt die Globalisierung in die Alpen

Aerni, Klaus: Vom Saumweg zur Fahrstrasse und zum Kulturweg. Der Simplon – Stockalper, Napoleon und ein Ecomuseum. In: Historische Verkehrswege im Kanton Wallis. Hg. v. Bundesamt für Strassen, Inventar Historischer Verkehrswege der Schweiz IVS. Bern 2003, S. 36–39.

Arnold, Peter: Gaspard Jodoc Stockalper de la Tour (1609–1691). Traduction française du professeur Jean Graven en collaboration avec Mathilde de Stockalper. Bd. 1+2. Genf 1987.

Carlen, Louis: Kaspar Jodok von Stockalper. Grossunternehmer im 17. Jahrhundert. Vortrag gehalten am 15. Februar 1991 an der Universität Augsburg. Hg. v. Präsidenten der Universität. Augsburger Universitätsreden 20, Augsburg 1991.

Carlen, Louis / Imboden, Gabriel (Hg.): Die Handels- und Rechnungsbücher Kaspar Jodok von Stockalpers. Vorträge des fünften internationalen Symposiums zur Geschichte des Alpenraums. Veröffentlichungen des Forschungsinstituts zur Geschichte des Alpenraums, Stockalperschloss Brig, Bd. 6. Brig 1999.

Carlen, Louis / Imboden, Gabriel (Hg.): Kaspar Jodok von Stockalper und das Wallis. Band 1. Beiträge zur Geschichte des 17. Jahrhunderts. Veröffentlichungen des Forschungsinstituts zur Geschichte des Alpenraums. Brig 1999.

Fröhlich, Martin / Haab, Walter: Das alte Hospiz auf dem Simplon VS. Schweizerische Kunstführer. Hg. v. der Gesellschaft für Schweizerische Kunstgeschichte. Bern 1988.

Gräf, Holger Th.: Die Stockalper-Bibliothek in Brig. Ein Beitrag zum geistig-intellektuellen Profil barocken Unternehmertums. Brig 1996.

Oster, Uwe A. (Hg.): Wege über die Alpen. Von der Frühzeit bis heute. Darmstadt 2006.

Gemeinde Simplon (Hg.): Simplon. Dorf und Pass: der alte Baubestand. Hg. v. der Gemeinde Simplon zum Anlass der 2. Heimattagung vom 14. bis 16. August 1986. Verlag Gemeinde Simplon 1986.

William Nicholas Hailmann: Kindergärten für die Welt

The Book of Clevelanders. A Biographical Dictionary of Living Men of the City of Cleveland. Cleveland 1914.

Erning, Günter / Neumann, Karl / Reyer, Jürgen (Hg.): Geschichte des Kindergartens. Freiburg i. Br. 1987.

Hewes, Dorothy W.: W. N. Hailmann. Defender of Froebel. Grand Rapids. Michigan 2001.

Hewes, Dorothy W.: Hailmann, Eudora Lucas (1835–1904). In: Early Childhood Education: An international Encyclopedia. Band 2. Hg. v. Rebecca S. New and Moncrieff Cochran. Westport Connecticust. London 2007, S. 404–405.

Hewes, Dorothy W.: Hailmann, William Nicholas (1836–1920). In: Early Childhood Education: An international Encyclopedia. Band 2. Hg. v. Rebecca S. New and Moncrieff Cochran. Westport Connecticut. London 2007, S. 405–407.

Konrad, Franz-Michael: Der Kindergarten. Seine Geschichte von den Anfängen bis in die Gegenwart. Freiburg i. Br. 2004.

Wollons, Roberta (Hg.): Kindergartens and Cultures. The Global diffusion of an idea. Yale University Press. New Haven, London 2000.

WEBLINKS

Online Archive of California: http://www.oac.cdlib.org/findaid/ark:/13030/kt9199q6rb/; 18.4.2011.

The Encyclopedia Americana (1920): Hailmann, William Nicholas; http://en.wikisource.org/wiki/The_Encyclopedia_Americana_(1920)/Hailmann,_William_Nicholas; 18.4.2011.

The New International Encyclopaedia (1905): Hailmann, William Nicholas; http://en.wikisource.org/wiki/The_New_International_Encyclop%C3%A6dia/Hailmann,_William_Nicholas; 18.4.2011.

Josephine Zürcher: Schweizer Ärztin im Orient

Brinkschulte, Eva (Hg.): Weibliche Ärzte: die Durchsetzung des Berufsbildes in Deutschland. In Zusammenarbeit mit dem Institut für Geschichte der Medizin der Freien Universität Berlin. 2., erw. Auflage. Berlin 1995.

Frutiger, Uarda: Ärztin im Orient auch wenn's dem Sultan nicht gefällt. Josephina Th. Zürcher (1866–1932), Basler Veröffentlichungen zur Geschichte der Medizin und Biologie 1. Basel 1987.

Kieser, Hans-Lukas: Der verpasste Friede: Mission, Ethnie und Staat in den Ostprovinzen der Türkei, 1839–1938. Zürich 2000.

Rohner, Hanny: Die ersten 30 Jahre des medizinischen Frauenstudiums an der Universität Zürich, 1867–1897. Zürich 1972.

Koelbing, Huldrych M.: Pionierin im Orient. Die Schweizer Ärztin Josephine Fallscheer-Zürcher (1866–1932). In: Neue Zürcher Zeitung, 15. Februar 1989, Fernausgabe Nr. 37, S. 33.

Sdun-Fallscheer, Gerda: Jahre des Lebens. Die Geschichte einer Familie in Palästina um die Jahrhundertwende bis zum Zweiten Weltkrieg. Mit einem Nachwort von Alex Carmel. Stuttgart 1985.

Zürcher, Josephine: Jeanne d'Arc: Vom psychologischen und psychopathologischen Standpunkte aus. Eine Studie. (Diss.). Leipzig 1895.

Jost Bürgi: Mit ihm beginnt die Neuzeit zu ticken

Hamel, Jürgen: Die astronomischen Forschungen in Kassel unter Wilhelm IV. Mit einer Teiledition der deutschen Übersetzung des Hauptwerks von Copernicus um 1586. 2., korrigierte Auflage. Frankfurt a. M. 2002.

Loeffel, Hans: Das mathematische Werk Jost Bürgis. In: Toggenburgerblätter für Heimatkunden, Heft 34 (1982). Wattwil 1982, S. 37–51.

Lutstorf, Heinz / Walter, Max: Jost Bürgis «Progress Tabulen» (Logarithmen), nachgerechnet und kommentiert von Heinz Lutstorf und Max Walter. Schriftenreihe der ETH-Bibliothek, Nr. 28. Zürich 1992.

Müller, Armin: Herkunft und Lebensweg Jost Bürgis. In: Toggenburgerblätter für Heimatkunden, Heft 34 (1982). Wattwil 1982, S. 7–20.

Oechslin, Ludwig: Der Bürgi-Globus, Technik und Kultur. Bildband 7. Zürich 2000.

Oechslin, Ludwig: Jost Bürgi. Luzern 2000.

Staudacher, Fritz: Jost Bürgi erfand nicht nur die Sekunde. In: Swiss Physical Society (veröffentlicht Mai 2009): http://www.sps.ch/en/artikel/physik_anekdoten/jost_buergi_erfand_nicht_nur_die_sekunde_5/; 28. März 2011.

Voellmy, Erwin: Jost Bürgi und die Logarithmen. In: Elemente der Mathematik (Beihefte zur Zeitschrift) Vol. 3/4/5/ (1948): http://retro.seals.ch/cntmng?type=pdf&rid=emb-001:1948:3:4:5::15; 19.3. 2011.

Wenzel, Johann: Jost Bürgi als Künstler der Mechanik. In: Toggenburgerblätter für Heimatkunden, Heft 34 (1982). Wattwil 1982, S. 21–36.

WEBLINKS

http://www-history.mcs.st-and.ac.uk/Biographies/Burgi.html; 6.4.11

http://www.hls-dhs-dss.ch/textes/d/D24730.php; 6.4.11

http://de.wikipedia.org/wiki/Jost_B%C3%BCrgi; 6.4.11

http://www.library.ethz.ch/de/Resources/Digital-collections/Short-portraits/Jost-Buergi-1552-1632; 6.4.11

http://www.sps.ch/artikel/physik_anekdoten/jost_buergi_erfand_nicht_nur_die_sekunde_5/; 6.4.11

Bildnachweis

akg-images: Seite 148, 196, IAM/akg: 17 oben, akg-images/British Library: 32

Alimdi.net/Günter Lenz: Seite 168

Amerika Haus/SZ Photo: Seite 140

Artur Images/Jochen Helle: Seite 43

Avenue Images/Index Stock: Seite 123

Bab.ch/mauritius images: Seite 68

Beobachter/DR: Seite 46/47: Bearbeitung und Infografik, 3-D-Modell: Andreas Eisenbarth, 78: Infografik, 102, 103 unten: Infografik, 169: Infografik, 186: Infografik

Bildagentur-online/Belcher: Seite 79 Vordergrund

bpk/Museumslandschaft Hessen Kassel: Seite 195

Bridgemanart: Seite 71: Private Collection/Peter Newark American Pictures/bridgemanart.com, 83: Private Collection/Peter Newark American Pictures/bridgemanart.com

Burgerbibliothek Bern, FA von Rodt 14: Seite 151, 153, 154, 155, Burgerbibliothek Bern, FA von Rodt: Seite 156

Chevrolet: Seite 35, 37, 38, 39, 40, 41

doc-stock: Seite 159, 161 (Ausschnitt)

Dukas: Seite 23: Dukas/Granangular, 26: Dukas/Roger-Viollet, 110: Dukas/Alinari

ETH-Bibliothek Zürich, Bildarchiv: Seite 21 (Port_13711), 25 (Hs_1092)

Getty Images: Seite 17 rechts: Walter Sanders/Time Life Pictures/Getty Images, 59 (Ausschnitt) und 61: Hulton Archive/Getty Images, 63 Mitte: Freston/Getty Images, 63 oben: Fox Photos/Getty Images, 64: Tom Hanley/Redferns/Getty Images, 98: Levine/NY Daily News Archive/Getty Images, 103 oben: Frederic Lewis/Archive Photos/Getty Images, 115 (Ausschnitt), 119: Fotosearch/Getty Images, 116: Archive Photos/Getty Images, 139: Yale Joel/Time Life Pictures/Getty Images

Hilton Stucky Molino: PD: Seite 111 unten

Keystone: Seite 63 unten: Keystone/Rue des Archives/Str, 67: Keystone/DesAir/Heinz Leuenberger, 84: Keystone/EPA/Shawn Thew, 85: Keystone/Everett Collection, 95: Keystone/AP/Str, 97: Keystone/Str, 101: Keystone/Süddeutsche Zeitung Photo/Scherl, 145: Keystone/SIKJM/Str, 163: Keystone/AP NY/Str, 193: Keystone/IBA-Archiv

La Porte County Historical Society, Inc.: Seite 175, 177, 179

Library of Congress Washington: Seite 86 (Signatur LC-USZ62-45479)

Museum Stockalperschloss: Seite 165, 167, 170, 171

Natural History Museum London: Seite 65 (Picture No. V51852/R)

Privatarchiv Sabine Schreiber, St. Gallen: Seite 51, 53, 54, 55, 56, 57

Privatarchiv Peter Stierlin, Aatal: Seite 127, 129, 130, 131, 133

Privatarchiv Familie Wirz, Zürich: Seite 113

Quelle unbekannt: Seite 13, 15, 16, 47 unten, 79 Hintergrund, 82, 105, 107, 108, 111 oben, 147 links, 157

RDB: Seite 81: RDB/Andreas Eggenberger, 149: RDB/Hipp-Foto, 135: Corbis/Specter

Rousset, François: Foetus viui ex matre viua sine alterutrius vit[a]e periculo caesura, Basel 1591: Seite 31, 33

Schriftgiesser, Karl: Oscar of the Waldorf, New York 1943, S. 33: Seite 137

Scultetus, Johannes: Amamentarium chirurgicum, Frankfurt am Main 1666: Seite 29

Stadtarchiv Mülheim an der Ruhr: Seite 143, 147 rechts

The Gertrude Bell Photographic Archive, Newcastle University: Seite 185 (Ausschnitt)

ullstein bild: Seite 19, 73, ullstein bild/Granger Collection: 62, 89, 92

Universal: Seite 91: Universal/The Kobal Collection, 93: Universal/The Kobal Collection/Roman Freulich

Völkerkundemuseum der Universität Zürich: Seite 75 (Signatur VMZ 346.05.028), 76 (Foto Alfred Ilg, Signatur: VMZ 346.11.045), 77 (Foto Alfred Ilg, Signatur VMZ 805.01.001)

www.moscowwalks.ru: Seite 49

www.sendthelightcrusade.org/The_Amish.html: Seite 121

www.vokrugsveta.ru: Seite 45

Zentralbibliothek Zürich, Ms Z II 129: Seite 183, 188, 190, 191

Autor und Verlag haben sich bemüht, die Urheberrechte der Abbildungen ausfindig zu machen. In Fällen, in denen ein exakter Nachweis nicht möglich war, bitten sie die Inhaber der Copyrights um Nachricht.

Angaben zur Erstpublikation

Die hier versammelten Porträts erschienen 2010 und 2011 im Rahmen der Serie *Vergessen und verkannt – die andern Schweizer Karrieren* im *Beobachter*. Für dieses Buch hat sie der Autor überarbeitet, erweitert und mit Quellen ergänzt. Zusätzlich zur Serie aufgenommen wurden die Beiträge über Maurice Koechlin, Alfred von Rodt und Josephine Zürcher. Daten der Erstpublikation und Originaltitel aller Beiträge in der in diesem Buch abgedruckten Reihenfolge:

1. John Krüsi: Thomas Edisons rechte Hand.
   Beobachter, Jg. 84, Heft 21, 15. Oktober 2010, S. 36–38.
2. Maurice Koechlin: Was wäre Paris ohne den Koechlin-Turm?
   Beobachter, Jg. 83, Heft 26, 24. Dezember 2009, S. 46–49.
3. Jacob Nufer: Der Schweinekastrator und sein Schnitt des Lebens.
   Beobachter, Jg. 84, Heft 20, 1. Oktober 2010, S. 22–23.
4. Louis Chevrolet: Ein Leben auf der Überholspur.
   Beobachter, Jg. 84, Heft 15, 23. Juli 2010, S. 20–23.
5. Pietro Antonio Solari: Ein Tessiner lehrt Russland das Glänzen.
   Beobachter, Jg. 84, Heft 16, 6. August 2010, S. 40–43.
6. Hermann Schreiber: Der Wind trug ihn über die Alpen.
   Beobachter, Jg. 84, Heft 18, 3. September 2010, S. 50–53.
7. Madame Tussaud: Geschäfte mit Köpfchen.
   Beobachter, Jg. 84, Heft 22, 29. Oktober 2010, S. 26–27.
8. Louis Agassiz: Der «Schweizer Humboldt» und sein dunkler Schatten,
   Beobachter, Jg. 85, Heft 14, 8. Juli 2011, S. 36–39.
9. Alfred Ilg: Ein Thurgauer rettete Abessinien.
   Beobachter, Jg. 84, Heft 19, 17. September 2011, S. 24–25.
10. Pierre Eugène du Simitière: Swiss made – die Dollarnote.
    Beobachter, Jg. 84, Heft 26, 24. Dezember 2010, S. 46–49.
11. Mary Shelley: Das Monster kommt aus Genf.
    Beobachter, Jg. 84, Heft 25, 10. Dezember 2010, S. 46–47.
12. Othmar H. Ammann: Wie ein Schaffhauser New York gross machte.
    Beobachter, Jg. 84, Heft 23, 12. November 2010, S. 48–53.
13. Giovanni Stucky: Der Müller von Venedig.
    Beobachter, Jg. 84, Heft 24, 26. November 2010, S. 16–19.
14. Captain Henry Wirz: Einer muss hängen.
    Beobachter, Jg. 85, Heft 13, 24. Juni 2011, S. 40–41.
15. Jakob Amman: Vater aller Amischen.
    Beobachter, Jg. 85, Heft 15, 22. Juli 2011, S. 34–35.
16. Hans Stierlin: Fidel Castro der Kühlschränke.
    Beobachter, Jg. 85, Heft 12, 10. Juni 2011, S. 40–43.
17. Oscar Tschirky: Der glänzende Gastgeber.
    Beobachter, Jg. 85, Heft 11, 27. Mai 2011, S. 34–38.
18. Hermann Adam von Kamp: Heidis deutscher Vater.
    Beobachter, Jg. 84, Heft 17, 20. August 2010, S. 32–34.
19. Alfred von Rodt: Der Schweizer Robinson.
    Beobachter, Jg. 85, Heft 1, 7. Januar 2011, S. 24–26.
20. Hermann Staudinger: Die Chemie stimmt.
    Beobachter, Jg. 85, Heft 18, 2. September 2011, S. 44–46.
21. Kaspar Jodok Stockalper: Der erste Schweizer Multi.
    Beobachter, Jg. 85, Heft 16, 5. August 2011, S. 29–31.
22. William Nicholas Hailmann: Kindergärten für die Welt. Bei Drucklegung geplant: *Beobachter*, Jg. 85, Heft 19, 16. September 2011.
23. Josephine Zürcher: Schweizer Ärztin im Orient.
    Erstpublikation in diesem Buch.
24. Jost Bürgi: Mit ihm beginnt die Neuzeit zu ticken. Bei Drucklegung geplant: *Beobachter*, Jg. 85, Heft 20, 30. September 2011.

Der Autor

Dr. Helmut Stalder, geboren 1966, ist stellvertretender Chefredaktor der Zeitschrift *Beobachter* in Zürich. Er studierte Germanistik, Geschichte und Politische Wissenschaften in Zürich, Frankfurt am Main und an der Columbia University in New York und doktorierte über das journalistische Werk von Siegfried Kracauer. Er ist seit mehr als 20 Jahren Journalist und beschäftigt sich unter anderem mit Wirtschafts- und Technikgeschichte, Schweizer Identität und politischen Mythen. 2003 publizierte er *Mythos Gotthard. Was der Pass bedeutet,* das Standardwerk zur kulturgeschichtlichen Bedeutung des Gotthardpasses. Er ist verheiratet, Vater von drei Söhnen und lebt in Winterthur.